中国社会科学院国情调研特大项目"精准扶贫精准脱贫百村调研"

精准扶贫精准脱贫百村调研丛书

CASE STUDIES OF TARGETED POVERTY REDUCTION AND
ALLEVIATION IN 100 VILLAGES

李培林／主编

精准扶贫精准脱贫
百村调研·华阳村卷

三峡库区生态扶贫搬迁

于法稳　王　宾　聂　弯／著

社会科学文献出版社

SOCIAL SCIENCES ACADEMIC PRESS (CHINA)

"精准扶贫精准脱贫百村调研丛书"
编 委 会

主　编：李培林

副主编：马　援　魏后凯　陈光金

成　员：（按姓氏笔画排序）

王子豪　王延中　李　平　张　平　张　翼

张车伟　荆林波　谢寿光　潘家华

中国社会科学院国情调研特大项目
"精准扶贫精准脱贫百村调研"
项目协调办公室

主　任：王子豪
成　员：檀学文　刁鹏飞　闫　珺　田　甜　曲海燕

总　序

　　调查研究是党的优良传统和作风。在党中央领导下，中国社会科学院一贯秉持理论联系实际的学风，并具有开展国情调研的深厚传统。1988年，中国社会科学院与全国社会科学界一起开展了百县市经济社会调查，并被列为"七五"和"八五"国家哲学社会科学重点课题，出版了《中国国情丛书——百县市经济社会调查》。1998年，国情调研视野从中观走向微观，由国家社科基金批准百村经济社会调查"九五"重点项目，出版了《中国国情丛书——百村经济社会调查》。2006年，中国社会科学院全面启动国情调研工作，先后组织实施了1000余项国情调研项目，与地方合作设立院级国情调研基地12个、所级国情调研基地59个。国情调研很好地践行了理论联系实际、实践是检验真理的唯一标准的马克思主义认识论和学风，为发挥中国社会科学院思想库和智囊团作用做出了重要贡献。

　　党的十八大以来，在全面建成小康社会目标指引下，中央提出了到2020年实现我国现行标准下农村贫困人口脱贫、贫困县全部"摘帽"、解决区域性整体贫困的脱贫攻坚目标。中国的减贫成就举世瞩目，如此宏大的脱贫目标世所罕见。到 2020 年实现全面精准脱贫是党的十九大提出的三大攻坚战之一，是重大的社会目标和政治任务，中国的贫困地区在此期间也将发生翻天覆地的变化，而变化的过程注定不会一帆风顺或云淡风轻。记录这个伟大的过程，总结解决这个世界性难题的经验，为完成这个攻坚战献计献策，是社会科学工作者应有的责任担当。

2016 年，中国社会科学院根据中央做出的"打赢脱贫攻坚战"战略部署，决定设立"精准扶贫精准脱贫百村调研"国情调研特大项目，集中优势人力、物力，以精准扶贫为主题，集中两年时间，开展贫困村百村调研。"精准扶贫精准脱贫百村调研"是中国社会科学院国情调研重大工程，有统一的样本村选择标准和广泛的地域分布，有明确的调研目标和统一的调研进度安排。调研的 104 个样本村，西部、中部和东部地区的比例分别为 57%、27% 和 16%，对民族地区、边境地区、片区、深度贫困地区都有专门的考虑，有望对全国贫困村有基本的代表性，对当前中国农村贫困状况和减贫、发展状况有一个横断面式的全景展示。

在以习近平同志为核心的党中央坚强领导下，党的十八大以来的中国特色社会主义实践引导中国进入中国特色社会主义新时代，我国经济社会格局正在发生深刻变化，脱贫攻坚行动顺利推进，每年实现贫困人口脱贫 1000 多万人，贫困人口从 2012 年的 9899 万人减少到 2017 年的 3046 万人，在较短时间内实现了贫困村面貌的巨大改观。中国社会科学院组建了一百支调研团队，动员了不少于500名科研人员的调研队伍，付出了不少于3000个工作日，用脚步、笔尖和镜头记录了百余个贫困村在近年来发生的巨大变化。

根据规划，每个贫困村子课题组不仅要为总课题组提供数据，还要撰写和出版村庄调研报告，这就是呈现在读者面前的"精准扶贫精准脱贫百村调研丛书"。为了达到了解国情的基本目的，总课题组拟定了调研提纲和问卷，要求各村调研都要执行基本的"规定动作"和因村而异的"自选动作"，了解和写出每个村的特色，写出脱贫路上的风采以及荆棘！对每部报告我们都组织了专家评审，由作者根据修改意见进行修改，直到达到出版要求。我们希望，这套丛书的出版能为脱贫攻坚大业写下浓重的一笔。

中共十九大的胜利召开，确立习近平新时代中国特色社会主义思想作为各项工作的指导思想，宣告中国特色社会主义进入新时代，中央做出了社会主要矛盾转化的重大判断。从现在起到2020年，既是全面建成小康社会的决胜期，也是迈向第二个百年奋斗目标的历史交会期。在此期间，国家强调坚决打好防范化解重大风险、精准脱贫、污染防治三大攻坚战。2018年春节前夕，习近平总书记到深度贫困的四川凉山地区考察，就打好精准脱贫攻坚战提出八条要求，并通过脱贫攻坚三年行动计划加以推进。与此同时，为应对我国乡村发展不平衡不充分尤其突出的问题，国家适时启动了乡村振兴战略，要求到2020年乡村振兴取得重要进展，做好实施乡村振兴战略与打好精准脱贫攻坚战的有机衔接。通过调研，我们也发现，很多地方已经在实际工作中将脱贫攻坚与美丽乡村建设、城乡发展一体化结合在一起开展。可以预见，贫困地区的脱贫攻坚将不再只局限于贫困户脱贫，我们有充分的信心从贫困村发展看到乡村振兴的曙光和未来。

是为序！

全国人民代表大会社会建设委员会副主任委员

中国社会科学院副院长、学部委员

2018 年 10 月

前　言

重庆市石柱土家族自治县地处三峡库区腹地，属于武陵山集中连片贫困地区，是国家扶贫开发工作重点县。金铃乡华阳村是该县最偏远的山村之一，2014年被确定为国家级贫困村，当年共建档立卡30户113人。到2017年，全部实现了脱贫。华阳村精准扶贫精准脱贫的实践具有一定的代表性和典型性，正是基于此，其被确定为百个贫困村之一，作为本次重大国情调研的对象之一。

课题组成员先后4次赴华阳村进行调研，通过座谈、实地访谈等方式，分别完成了县级、乡级扶贫资料的搜集，村级问卷调研、农户（共60户，30户贫困户、30户非贫困户）问卷调研，以及补充调研。在对数据及相关材料分析的基础上，形成了本调研报告。

作为国家级贫困村，华阳村存在稳定增收难、便捷出行难、安全饮水难、住房改造难、素质提升难、看病就医难、子女上学难、公共服务难"八大难"问题，在精准扶贫精准脱贫过程中，通过基础设施、易地搬迁、产业发展、教育培训四大工程建设，选择符合华阳村发展需求和农民增收需要的相关项目，实现了预期脱贫目标。调查结果表明：86.67% 的农户认为，政府为本村安排的各种扶贫项目是合理的，8.33% 的农户认为很合理；85.00% 的农户认为本村扶贫效果很好，11.67% 的农户认为扶贫效果比较好。由此可见，村民对于本次扶贫效果的认可度较高。

本研究报告还发现并分析了华阳村精准扶贫精准脱贫中存在的一些问题，主要包括产业发展没有实现有效突破、道路附属设施建设严重缺失、生态建设没有得到应有的重视、农村集体经济发展缺乏思路、贫困人口自身发展动力不足等，为此，应采取相应措施巩固华阳村精准扶贫精准脱贫成效。

目　录

第一章

华阳村概况

第一节　自然地理概况

一　地理位置及地貌特征

石柱土家族自治县（简称石柱县）位于重庆市东南部长江南岸，地跨北纬 $29°39′{\sim}30°32′$ ，东经 $107°59′{\sim}108°34′$ 。东邻湖北省利川市，南依彭水苗族土家族自治县，西南靠丰都县，西北连忠县，北接万州区。县境南北长 98.30 千米，东西宽 56.20 千米，总面积 3012.51 平方千米。长江由西向东流经县境 22 千米。境内方斗山、七曜山两大山脉近乎平行纵贯全县，形成"两山夹一槽"的地貌特征；地势东南高，西北低，呈起伏状下降；属亚热带欠湿润季风环流气候，雨量充沛，四季分明，光照充足，气候温和，宜种性强，海拔高度在119米至1934.10米。在民族分布上，石柱县属于典型的土家族聚集地，是以古代巴人为主体与其他民族融合而成的土家族的栖息地之一。在经济发展上，石柱县紧紧围绕"转型康养、绿色崛起"的发展主题，以脱贫攻坚统揽经济社会发展全局，以改革促发展为抓手，多措并举推动各项工作，实现经济社会稳中向好的全面发展。2017年，实现全县地区生产总值1622759万元，按可比价计算，比2016年增长9.0%。按常住人口计算，人均地区生产总值达42564元，增长10.1%。其中：第一产业增加值25.04亿元，增长4.9%；第二产业增加值82.93亿元，增长10.3%；第三产业增加值54.31亿元，增长8.9%。在第二产业中，工业增加值58.67亿元，增长10.8%。三次产业对地区经济增长的贡献率分别为8.8%、58.4%和32.8%，其中工业经济对地区生产总值的贡献率达43.5%。三次产业结构调整为15.4：51.1：33.5。全年实现全社会固定资产总投资1423618万元，增长16.0%。同年度实现0.5万人稳定脱贫、5个贫困村脱贫"销号"，易地扶贫搬迁865户2623人，新增城镇就业8019人，发放低保金6000余万元，医疗救助2000余万元，困难救助300余万元。

而华阳村是石柱县最偏远的山村之一，也是国家级贫困村。该村位于金铃乡东南部，地处东经108°29′、北纬29°59′，东与湖北省利川市文斗乡交界，南与新乐乡交界，北与金铃乡石笋村交界。华阳村拥有典型的山区地貌特征，境内山高坡陡，沟壑纵横，最高海拔为1780米，最低海拔为620米。华阳村村域面积12.8平方公里，辖香树组、川洞组、茶园组、庄坡组4个村民小组，距县城73公里，距乡镇政府所在地11公里。

二　自然资源概况

（一）水资源概况

华阳村所在的金铃乡多年年平均降水量为1350~1400毫米，毛滩河从该村西部流经，为全村生产生活提供了足够的水源，同时也为该村生态用水提供了保障。

（二）土地资源概况

1. 土地资源总体概况

华阳村土地资源以林地和耕地为主，其中，林地面积为8700亩，占村域面积的45.31%；耕地面积为2481.5亩，占村域面积的12.92%。全村森林覆盖率达到60.74%，林木覆盖率达到80%。林地面积占比较高，农户没有足够的空间种植粮食作物，这就加剧了粮食安全的不确定性。

2. 集体所有农用地概况

2016年，华阳村农用地总面积为16230.4亩，其中，林地占据了农用地的绝大部分，面积为12600亩，占全村农用地总面积的 77.63%，其中，9500 亩林地由家庭承包经营；耕地面积为 2481.5 亩，占全村农用地总面积的 15.29%；草地面积为 622.35 亩，占全村农用地总面积的 3.83%；园地面积为 26.8 亩，占全村农用地总面积的 0.17%；养殖水面面积为 9.7 亩，占全村农用地总面积的 0.06%；其他集体所有农用地面积为 490.05 亩，占全村农用地总面积的 3.02%（见图 1-1）。

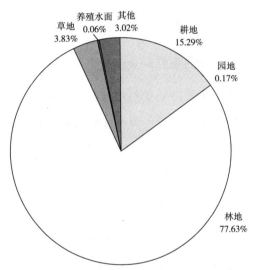

图 1-1　2016 年华阳村集体所有的农用地构成

资料来源：金铃乡农村经济信息统计报表（2016 年）。

3. 实行适度规模经营耕地概况

2016 年，华阳村实行适度规模经营的耕地总面积为 881 亩，其中，蔬菜适度规模经营的面积为 673 亩，占全村实行适度规模经营耕地总面积的 76.39%；粮油适度规模经营的面积为 146 亩，占全村实行适度规模经营耕地总面积的 16.57%；其他作物的适度规模经营面积

为 62 亩，占全村实行适度规模经营耕地总面积的 7.04%
（见图 1-2）。

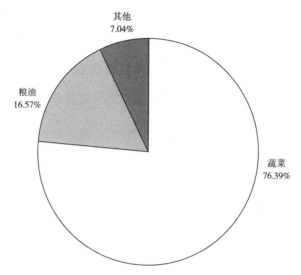

图 1-2 2016 年华阳村实行适度规模经营的耕地面积结构
资料来源：金铃乡农村经济信息统计报表（2016 年）。

从经营规模来看，2016 年华阳村经营耕地面积
在 5 亩以下的农户有 86 户，经营耕地面积在 5~10 亩
的农户有 77 户，经营耕地面积在 10~30 亩的农户有 77
户，经营耕地面积在 30~50 亩的农户有 7 户。2014 年、
2015 年华阳村实行适度规模经营的面积及农户情况如表
1-1 所示。

表 1-1 2014~2016 年农户经营耕地规模情况

单位：户

指标	2014 年	2015 年	2016 年
经营耕地 5 亩以下农户数	86	86	86
其中：未经营耕地的农户数	60	60	60
经营耕地 5~10 亩的农户数	79	77	77

指标	2014 年	2015 年	2016 年
经营耕地 10~30 亩的农户数	75	77	77
经营耕地 30~50 亩的农户数	—	—	7

资料来源：金铃乡农村经济信息统计报表（2014~2016 年）。

（三）野生植物资源概况

华阳村地处深山，村域范围内具有丰富的野生植物资源，初步确定的有 150 余种，其中包括水杉、银杏、红豆杉等珍贵树种。在众多的保护树种中，有国家挂牌保护的树木 5 株，而且树龄均在 100 年以上。此外，村域内还有丰富的竹笋、香菇、蕨菜等林下植物资源，为当地居民提供了丰富的森林绿色食品。

第二节　社会经济概况

一　人口与劳动力概况

（一）人口总体概况

截至 2016 年底，华阳村共有 270 户 798 人。从民族构成来看，土家族人口占全村总人口的 80%；从就业情况来看，在 270 户中纯农户有 180 户，占全村总户数的 66.67%；

农业兼业户 10 户，占全村总户数的 3.70%；非农业兼业户 30 户，占全村总户数的 11.11%；非农户 50 户，占全村总户数的 18.52%，其中涉及农转非户数 37 户（见图 1-3）。①

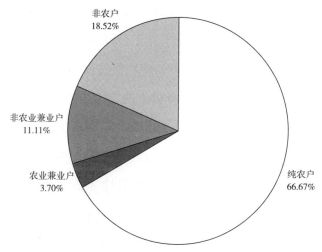

图 1-3　华阳村农户构成情况

资料来源：金铃乡农村经济信息统计报表（2016 年）。

从贫困程度分布来看，华阳村有贫困户 30 户 114 人，占全村总人口的 14.29%；有低保户 29 户 69 人，占全村总人口的 8.65%；有五保户 4 户 4 人，占全村总人口的 0.50%；有残疾人口 29 人，占全村总人口的 3.63%。从性别构成来看，全村女性占全村总人口的 46.12%，男性人口占全村总人口的 53.88%。

① 纯农业户是指在家庭全年生产性纯收入中 80% 以上来自农业，或家庭农村劳动力的绝大部分劳动时间从事农业生产；农业兼业户（Ⅰ兼农户）以农业为主、兼营他业，指在家庭全年生产性纯收入中 50%~80% 来自农业，或者农村劳动力一半以上的劳动时间从事农业生产；非农业兼业户（Ⅱ兼农户）与农业兼业户相反，以非农业为主、兼营农业，指在家庭全年生产性纯收入中 50%~80% 来自非农业，或者家庭农村劳动力一半以上的劳动时间从事非农业生产；非农业户指家庭全年生产性纯收入中 80% 以上来自非农业，或家庭农村劳动力的绝大部分劳动时间用来从事非农业生产。

（二）劳动力概况

2016 年，华阳村劳动力总数为 437 人，其中，从事家庭经营的劳动力有 231 人，占全村劳动力总数的 52.86%；外出务工劳动力有 206 人，占全村劳动力总数的 47.14%。在外出务工劳动力中，常年外出务工劳动力有 199 人，其中，在乡外县内务工的劳动力有 48 人，占常年外出务工劳动力的 24.12%；在县外市内务工的劳动力有 31 人，占常年外出务工劳动力的 15.58%，在市外务工的劳动力有 120 人，占常年外出务工劳动力的 60.30%。由此可见，华阳村劳动力外出的主要区域在市外，在这些区域务工对村民脱贫致富的拉力较大，同时也存在一定风险，一旦这些区域经济发展形势下滑，将对其就业产生负面影响。

表1-2　2014~2016 年劳动力数量情况

单位：人

指标	2014 年	2015 年	2016 年
总劳动力数	510	511	437
其中：从事家庭经营	268	345	231
其中：从事第一产业	238	277	220
外出务工劳动力	164	166	206
其中：常年外出务工劳动力	164	166	199
乡外县内	23	25	48
县外市内	45	44	31
市外	96	97	120

资料来源：金铃乡农村经济信息统计报表（2016 年）。

（三）低保人口分布概况

2016 年，华阳村共有低保户 29 户 69 人，其中，低保兜底户 8 户 26 人。华阳村四个村民小组均有低保户，而且香树组、川洞组和茶园组 3 个村民小组均有低保兜底户。4 个村民小组都没有实现脱贫目标，华阳村精准扶贫精准脱贫的任务依然艰巨。

（四）建档立卡贫困人口概况

2016 年，华阳村建档立卡贫困户仍然较多，分布在香树组、川洞组、茶园组和庄坡组 4 个村民小组。截至 2016 年底，华阳村有建档立卡贫困户 30 户 114 人，占全村总人口数的 14.29%。其中，川洞组贫困户 11 户，茶园组贫困户 8 户，香树组贫困户 6 户，庄坡组贫困户 5 户。

（五）受教育人口概况

2016~2017 学年度，华阳村学前班在学人数为 10 人；2 名小学教育适龄儿童，在金玲乡中心小学就读；由于金玲乡没有中学，全乡中学生只能到县城中学或者其他地方就读，目前，华阳村有 4 名中学生在县城中学就读。除学历教育之外，华阳村还注重职业技术培训。2016 年，华阳村共举办农业技术讲座 3 次，参加农业技术讲座的人数达 90 人，其中，有 20 名青壮年劳动力接受过实用技术、非农职业技能或创业培训，为实现有效就业提供了可能。

二 集体经济概况

（一）村集体经济收入情况

2016 年，华阳村村集体经济实现收支平衡，其中总收入、补助收入、总支出以及管理费用均为 10.56 万元。其中，干部报酬支付 9.36 万元，征订报刊费用为 1.2 万元（见表 1-3）。

表 1-3　2014~2016 年华阳村集体经济组织收益分配情况

单位：万元

指标	2014 年	2015 年	2016 年
总收入	8.32	8.32	10.56
补助收入	8.32	8.32	10.56
总支出	8.32	8.32	10.56
管理费用	8.32	8.32	10.56
其中：干部报酬	7.32	7.32	9.36
报刊费	1	1	1.2
当年公益性基础设施建设投入	30	60	
	0	60	
其中：获得一事一议奖补资金	30	0	

资料来源：金铃乡农村经营管理情况统计年报表（2014~2016 年）。

（二）村集体经济资产负债概况

2016 年，华阳村的长期资产、所有者权益、公积公益金、负债及所有者权益合计均为 16 万元，与 2015 年持平，较 2014 年大幅度减少（见表 1-4）。

表1-4　2014~2016年华阳村村集体经济组织资产负债情况

单位：万元

指标	2014 年	2015 年	2016 年
流动资产	0.79	0	0
农业资产	57.3	0	0
长期资产	353.9	16	16
资产总计	411.99	16	16
负债合计	0	0	0
所有者权益	411.99	16	16
其中：公积公益金	411.99	16	16
负债及所有者权益合计	411.99	16	16

资料来源：金铃乡农村经营管理情况统计年报表（2014~2016年）。

（三）村集体经济财务收入概况

2016 年，华阳村总财务收入为 10.56 万元，总财务支出为 10.56 万元。财务支出主要用于支付村干部工资 9.36 万元以及报刊费 1.2 万元。

（四）农民负担概况

2016 年，在华阳村农民负担中，农机、摩托车、三轮车和低速载货汽车收费，计划生育收费以及其他收费均与 2015 年保持一致。农民享受的政府补贴总额、农业四项补贴、种粮直接补贴均较 2015 年多。农村义务教育收费总额均较 2014 年和 2015 年降低。2016 年的农村合作医疗收费最高，为 6.384 万元（见表 1-5）。

表 1-5　2014~2016 年华阳村农民负担状况

单位：万元

收费项目	2014 年	2015 年	2016 年
行政事业性收费总额	2.15	1.34	1.32
农民建房收费	0.24	0.23	0.21
农机、摩托车、三轮车和低速载货汽车收费	0.01	0.01	0.01
计划生育收费	1.7	0.9	0.9
其他收费	0.2	0.2	0.2
农村义务教育收费总额	0.197	0.198	0.156
其他收费	0.197	0.198	0.156
政府补贴总额	30.55	28.18	30.29
农业四项补贴	18.21	15.84	17.95
种粮直接补贴	0.39	1.44	17.23
良种补贴	1.34	0.59	0.72
农资综合直接补贴	16.46	13.81	12.34
其他补贴	12.34	12.34	12.34
农村合作医疗收费	5.93	5.7	6.384

资料来源：金铃乡农村经营管理情况统计年报表（2014~2016 年）。

三　农业生产概况

（一）农业生产条件、经营主体

1. 农业生产投入情况

大量权威研究表明，在诸多引致因素中，过量和不合理施用化肥所带来的养分流失逐渐成为中国农业面源污染最主要的来源之一。[1] 化肥对农业生产发展起了较大作用，

---

[1]　张维理、武淑霞、冀宏杰：《中国农业面源污染形势估计及控制对策》，《中国农业科学》2004 年第 7 期；朱兆良、David Norse、孙波：《中国农业面源污染控制对策》，中国环境科学出版社，2006。

也导致了一定的面源污染。据统计，2015 年华阳村农业生产中，农用化肥施用量为 88 吨，其中，磷肥 37 吨，尿素 32 吨，二者共占全村农用化肥施用量的 78.41%；另外，碳铵 10 吨，硝铵 2 吨，钾肥 3 吨，复合肥 4 吨。除此之外，农用薄膜使用量 3 吨，其中，地膜使用量 2 吨，覆盖面积 70 亩。农用柴油使用量 2.5 吨，农药使用量 0.9 吨。

2. 家庭农场

2016 年，华阳村有农业部门认定的家庭农场 1 个，为财华烤烟种植家庭农场。该家庭农场经营的土地面积为 64.1 亩，其中，54 亩是流转而来；该家庭农场劳动力有 4 人，其中 1 名为常年雇佣劳动力；当年实现利润 25 万元，盈利状况较好。由此可见，华阳村发展家庭农场尚有很大的空间。

3. 农民合作社

截至 2016 年底，华阳村有 1 家农民合作社，即金花漆经济技术协会。该农民合作社成立于 2015 年 12 月，总投资 0.3 万元，成立时社员户数 20 户，主要从事花椒和漆树的种植。

（二）农业生产规模及收益

1. 粮食作物种植规模及产值

2016 年，华阳村主要种植玉米、土豆和水稻等粮食作物，种植结构如图 1-4 所示。华阳村玉米种植面积为

500 亩，单产约为 375 公斤 / 亩，市场均价约为 0.425 元 /
公斤，年产值约为 7.968 万元。土豆种植面积约为 150 亩，
单产约为 325 公斤 / 亩，市场均价为 0.500 元 / 公斤，年
产值约为 2.437 万元。水稻种植面积 100 亩，单产 500 公
斤 / 亩，市场均价为 0.750 元 / 公斤，年产值约为 3.750
万元。

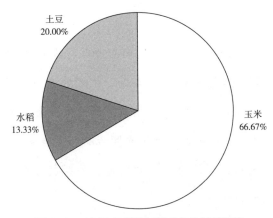

图 1-4　2016 年华阳村粮食作物种植结构

资料来源：金铃乡农村经营管理情况统计年报表（2016 年）。

2. 经济作物种植规模及产量

2015 年华阳村种植的主要经济作物有烟叶和油料，分
别种植 240 亩和 60 亩，产量达到 28 吨和 15 吨。除此之外，
还种植了瓜菜、菜用豆类、茄果类、叶菜类等农作物（见表
1-6）。

表1-6　2015年华阳村经济作物种植规模及产量

单位：亩，吨

作物类别	作物名称	种植面积	产量
主要经济作物	烟叶	240	28
	油料	60	15
其他农作物	瓜菜	47	48
	菜用豆类	45	47
	茄果类	41	40
	叶菜类	26	23
	根茎类	23	21
	其他	8	8
水果作物	梨子	3	2

资料来源：金铃乡农村经营管理情况统计年报表（2015年）。

3. 畜禽养殖规模及收益

2016年，华阳村主要饲养猪、牛、羊、鸡等畜禽。其中，猪出栏量为300头，每头猪平均毛重140公斤，市场均价为5元/公斤，年收益约为21万元；牛出栏量为50头，每头牛平均毛重100公斤，市场均价为25元/公斤，年收益约为12.50万元；鸡出栏量为500只，每只鸡平均毛重2公斤，市场均价为10元/公斤，年收益约为1万元。

4. 规模种植业和养殖业概况

2015年，华阳村共有6户家庭实现了规模种植，均在重庆市规模种植业及特色项目调查中登记。其中，香树组有1户规模种植家庭，该家庭种植粮食，规模为40亩，产量为15200公斤，售价为2元/公斤，产值为3.04万元。该规模种植家庭所需要的3个劳动力全部由家庭内部供给，没有雇用劳动力。

庄坡组有 1 户规模种植家庭，该家庭种植烤烟，种植规模为 35 亩，产量为 4095 公斤，售价为 29 元 / 公斤，产值约为 11.87 万元。该规模种植家庭共投入 5 个劳动力，其中家庭内部供给 4 个劳动力，雇用 1 个劳动力，雇用费用为 14000 元 / 年。

川洞组共 3 户规模种植烤烟的家庭，其中 1 户家庭的种植规模为 30 亩，产量为 3510 公斤，售价为 29 元 / 公斤，产值约为 10.18 万元。该规模种植家庭共投入 3 个劳动力，这些劳动力都由家庭内部供给，没有雇用劳动力。另外 1 户家庭的种植规模为 40 亩，产量为 4680 公斤，售价为 29 元 / 公斤，产值约为 13.57 万元。该规模种植家庭共投入 4 个劳动力，其中家庭内部供给 3 个劳动力，雇用 1 个劳动力，雇用费用为 15000 元 / 年。最后 1 户家庭的种植规模为 50 亩，产量为 5850 公斤，售价为 29 元 / 公斤，产值约为 16.96 万元。该规模种植家庭共投入 7 个劳动力，其中家庭内部供给 5 个劳动力，雇用 2 个劳动力，雇用费用为 28000 元 / 年。

茶园组共 1 户规模种植家庭，该家庭的种植规模为 40 亩，产量为 4680 公斤，售价为 29 元 / 公斤，产值约为 13.57 万元。该规模种植家庭共投入 6 个劳动力，其中家庭内部供给 4 个劳动力，雇用 2 个劳动力，总雇用费用为 28000 元 / 年。

5. 特色项目概况

2016 年，华阳村新发展主导产业项目花椒 500 亩、漆树 1000 亩、荒山造林 1000 亩、种植洋姜 150 亩，参与群众 200 余户，覆盖农户比例达 87%，其中贫困户 25 户，总产值约为 480 万元，实现户均增收 3500 元。此外，华阳村新培育了洋姜特色产业项目，受益农户 48 户。

四　社会公共设施和服务概况

（一）道路概况

近年来，华阳村积极加快村内道路建设，为村民出行提供便利。仅 2016 年，华阳村新建村级道路 8.62 公里，其中新建通村沥青（水泥）路 2.2 公里，受益农户 24 户；新建村内道路 6.42 公里，受益农户 30 户；改扩建华阳大桥至茶园坝道路 4 公里，受益人口 251 人；硬化丁家梁至庄坡组道路 10.68 公里，受益人口 600 人；茶园组改扩建村内道路 2 公里，受益农户 60 户。

通过这些项目的实施，华阳村现有硬化公路 12.88 公里，通畅率达到 58%，通达率达到 100%。通村道路路面宽度为 5.5 米，长度为 6 公里。但是，全村尚有未硬化路段 14 公里，并且村内主要道路仍然没有路灯，村民夜间出行依然不便。

（二）饮水、电力、垃圾处理等设施

2016 年，华阳村新建蓄水池（窖）2 个，使全村 270 户村民都用上了自来水，自来水入户率达到 100%，且饮

用水水质合格率达99%以上；新实施农田水利灌溉水渠项目2项，共计950米。由于改善了电力基础设施，华阳村全年基本不存在停电现象。全村有垃圾池2个、沼气池十余个，为改善村容村貌提供了较好的基础。

2016年，华阳村共改厕35个、新建沼气池7个、新增太阳能20个，各村民小组具体情况如表1-7所示。

表1-7　华阳村改造和新建设施情况

单位：个

组别	改厕	新建沼气池	新增太阳能
香树组	13	7	2
川洞组	3	0	4
茶园组	13	0	10
庄坡组	6	0	4
合　计	35	7	20

资料来源：金铃乡华阳村村容村貌情况统计总表（2016年）。

（三）通信设施

目前，华阳村家家户户均有电视机，并且通过卫星信号接收器，可以随时了解国家的相关政策、改革开放取得的巨大成就，以及精准扶贫精准脱贫的相关措施。已有7户家庭通了宽带，全村手机信号覆盖率达到100%。

（四）医疗卫生设施

华阳村有海联新农村卫生室1个。该卫生室于2014年5月动工修建，并在同年12月修建完成。修建该卫生室的费用源于海峡联合会的7万元资助。村内有1个药店

（铺），1 位持有行医资格证书的医生，该医生在 2015 年和 2016 年均参加过卫生技术培训。

在村民参加新型农村合作医疗方面，2016 年华阳村共有 98.86% 的村民参加了新型农村合作医疗；87.15% 的村民参加了农村社会养老保险；69 人享受农村低保；4 户农村五保集中供养户。

（五）办公楼

华阳村"两委"办公楼等设施的建筑面积为 120 平方米。办公楼建成以后，一方面为村"两委"、驻村工作队提供了集中办公场所，另一方面为村民代表大会、村内事情的协商与解决提供了场所。同时，也为村民办理相关事宜提供了便利。

（六）便民服务中心

华阳村便民服务中心于 2014 年 7 月建成，面积为 120

图1-5　华阳村村两委办公室

（聂弯拍摄，2017 年 2 月）

说明：本书照片，（除特殊标注）均为聂弯拍摄，2017 年 2 月。

图 1-6　华阳村便民服务中心

余平方米。其中，农家书屋面积 40 平方米，藏书 1700 余册；便民超市面积 80 余平方米。便民服务中心的建设，极大地丰富和方便了村民的生活。

（七）农村书屋

华阳村利用上级拨款 1 万元，修建了本村的文化活动场所、工作室等，该建筑于 2008 年 12 月开始修建，2009 年 5 月竣工，2009 年 10 月投入使用。建筑总面积 180 平方米，

图 1-7　华阳村阅览室

其中包括阅览室 30 平方米、办公室 15 平方米、民事纠纷调解室 15 平方米、党员活动室 40 平方米、卫生室 80 平方米。

五 社会治理概况

（一）村庄治理组织概况

组织成员方面，2016 年华阳村共有党员 21 名。从年龄上看，有 13 人年龄在 50 岁以上，老龄化趋势特别明显；从文化程度上看，高中及以上文化程度的党员仅有 6 人，文化素质明显偏低。

组织建设方面，华阳村党支部委员有 3 人，村民委员会委员有 5 人，村"两委"有 1 人交叉任职；华阳村村"两委"成员以男性为主，年龄集中在 30~50 岁，文化程度以初中为主。全村村民代表有 30 人，其中村"两委"成员 6 人。

图 1-8 华阳村党员活动室

图1-9 华阳村村务（党务）公开墙

华阳村村民监督委员会由村民代表组成，目前有监督委员会委员3人。

（二）第一书记和扶贫工作队

2015年，中共中央组织部决定在全国推广驻村"第一书记"经验——选派机关优秀干部到村任"第一书记"。驻村"第一书记"政策的实施，不仅为新农村建设注入新的活力，也将改变村庄治理模式，形成国家支持、村委主导、村民参与的新的村庄治理格局。[①] 华阳村第一书记来自石柱县政法委，于2016年3月进驻该村。在精准扶贫工作中，第一书记的工作包括识别扶贫对象、诊断致贫原因、引进资金、帮助贫困户制订脱贫计划、帮助落实帮扶措施、参与脱贫考核以及接待上访群众。第一书记吃住在村，并且直接联系5户贫困户。

与此同时，由5名成员组成的驻村扶贫工作队进驻该

① 杨芳：《驻村"第一书记"与村庄治理变革》，《学习论坛》2016年第2期。

村，除第一书记之外，均来自乡镇，第一书记兼任工作队队长。工作队的工作内容主要是识别扶贫对象、诊断致贫原因、引进资金、引进项目、帮助贫困户制订脱贫计划、帮助落实帮扶措施、参与脱贫考核。工作队队员直接联系扶贫对象 12 户，深入贫困户，与贫困户一起探讨精准扶贫的实施路径。扶贫工作队脚踏实地的工作作风，有力地推进了精准扶贫精准脱贫工作。

第二章

华阳村精准扶贫精准脱贫过程

第一节 贫困总体概况

2014 年，华阳村被确定为国家级贫困村。由于地理位置偏僻，山区面积较大，适宜生产生活的自然资源禀赋较差，交通不便，该村信息闭塞，农民思想观念落后，全村面临就医难、上学难等问题，成为石柱县扶贫攻坚的"硬骨头"，贫困户涉及面广，贫困程度较深。

一 华阳村贫困基本情况

1.贫困面广、量大，贫困程度深

规划范围的华阳村为新进入整村脱贫村，2014 年农

民人均纯收入 6050 元, 低于全市平均水平 (9490 元), 贫困发生率达 14.7%, 高于全市平均水平 6.2 个百分点。由于地域偏远、生产生活条件差、自然环境恶劣、信息闭塞、观念落后, 部分贫困群众还存在就医难、上学难、饮用水不安全、社会保障水平低等困难, 是石柱县扶贫攻坚的 "硬骨头"。

2. 经济发展水平低, 特色产业滞后

华阳村产业发展中农业占绝对优势地位。特色产业不突出、培植难度大, 产业结构相对单一, 市场竞争力不强, 区域产业集中度不明显, 产业支撑弱, 缺乏具有明显区域特色的大企业、大基地、大产业。

3. 基础设施薄弱, 生态环境脆弱

2014 年, 全村有村级公路 21 公里, 全部属于等外级公路。人畜饮水池 5 口, 已解决 500 余人安全饮水, 以及近 200 户群众饮水困难问题。建成沼气池 4 个, 完成改厨、改厕 65 户。现有危旧房户 10 户, 13700 平方米院坝未硬化。全村实现户户通电, 但农村信息化建设水平严重滞后。生态环境脆弱, 生态环境保护观念与意识均有待加强。

4. 社会事业发展滞后, 基本公共服务不足

全村基本公共服务水平低, 教育、文化、卫生、体育等方面的软硬件建设严重滞后, 普遍存在就医难、上学难、文化生活单调等问题。基础教育水平低, 教育设施条件差, 专业技术教育尤其是劳动技能培训能力不足, 区域内没有小学, 小学生上学需要步行 15 公里的山路, 条件

十分艰苦。村内没有中学，农户教育子女读书意识不强，初中生辍学率达 1.8%，村支两委成员中高中文化水平以上的仅 2 人，且党员老龄化。乡村卫生医疗设施简陋、设备不全、人员不足。文化、体育设施陈旧、规模小、标准低。

二 贫困户分类

图 2-1 列出了 2016 年金铃乡 154 户贫困户 566 人的基本情况。其中，华阳村有重点贫困户 10 户 45 人，分别占金铃乡重点贫困户户数和人数的 23.81% 和 24.73%，贫困人数仅次于银杏村，是全乡精准扶贫工作的重要区域。在一般贫困户中，华阳村共有 30 户 69 人，分别占金铃乡一般贫困户户数和人数的 24.59% 和 17.97%，一般贫困户人数在 4 个行政村中排第四位。

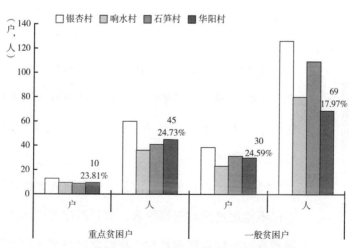

图 2-1　2016 年金铃乡重点贫困户和一般贫困户基本情况

资料来源：《石柱县金铃乡一般、重点贫困户台账》。

三 致贫原因剖析

中国贫困问题产生的原因非常复杂，既包含了计划经济时代致贫的因素，亦有市场经济条件下某些因素的影响。尽管各因素对中国贫困问题的影响度还发生着相应的变化，但中国现阶段乃至今后相当长的时期内所面临的贫困问题，都将是诸多因素综合影响的结果。

2015年，国务院扶贫办摸底调查的结果显示，全国现有的7000余万贫困人口中，因病致贫人口占42%；因灾致贫的占20%；因学致贫的占10%；劳动能力弱致贫的占8%；其他原因致贫的占20%。而这些贫困人口中绝大多数没有从事能够实现稳定增收的产业。

从金铃乡4个贫困村的横向比较来看，华阳村因残致贫户多于其他3个村，因学致贫、自身发展动力不足致贫、缺技术致贫户数均低于其他3个村，同时，华阳村没有因灾致贫、交通条件落后致贫、缺劳力致贫的贫困户（见图2-2）。

具体而言，华阳村贫困户中，因残致贫的最多，有9户，这类贫困户大多是由于家庭成员中有残障人员，一是他们本人不能就业，二是家庭其他劳动力需要照顾他们，难以实现脱贫。

因病致贫的有8户，由于慢性重症或突患重病贫困户不仅不能通过劳动获得收入，而且医疗费用居高不下，长期积累的医疗费用和长期生病给家庭带来了很大压力，自身没有能力和信心实现脱贫。

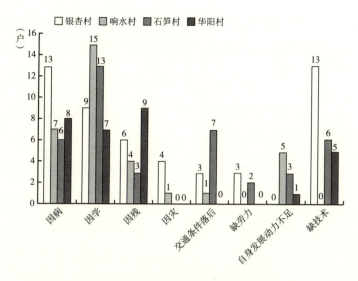

图 2-2　金铃乡贫困村贫困户致贫原因

资料来源：由《石柱县金铃乡一般、重点贫困户台账》整理得到。

因学致贫的有 7 户，主要因为山区经济发展水平有限，大部分农户仍以外出务工为主，加之华阳村没有中小学，村内适龄学生只能去金铃乡或临近乡镇就学，一方面增加了就学成本，另一方面也存在一定的安全风险。伴随着近年来物价的持续上涨，尤其高等教育成本较高（据调查，目前高校在读学生每月花费 1000 余元），这在一定程度上增加了家庭的经济负担，从而导致一些家庭产生让孩子放弃继续读书的想法。调研发现，教育一直是导致山区贫困的重要因素之一，由于家庭收入有限，加上社会成本的增加，教育支出占家庭生活支出的比重较高。教育不仅没有实现改变家庭贫困状况的目的，反而导致家庭生活水平日益下降，最终使家庭的经济状况恶化，陷入更深的贫困。

从实践来看，农村因学致贫问题具有多维度性和多层面性特点，是一个复杂的系统性问题。许多贫困人口因贫困而失学，又因失学而成为新一代贫困人口，形成了贫困的代际传递，导致农村劳动力文化素质低。失学既是贫困的结果，又是造成贫困的原因。

缺技术致贫的有 5 户，技术是当前推动农业发展、提高农业生产效率的关键因素。缺乏技术既难以保障粮食产量及质量，又只能滞留在家，限制了农民外出务工的机会。

此外，华阳村至今仍有 1 户贫困户因自身发展动力不足未实现脱贫。

四 脱贫攻坚规划

2015 年 11 月，《中共中央、国务院关于打赢脱贫攻坚战的决定》正式发布，对未来五年脱贫攻坚工作做出了全面部署，并要求各级党委政府层层签订脱贫攻坚责任书，立下"军令状"。《中共中央关于制定国民经济和社会发展第十三个五年规划的建议》再次指出，农村贫困人口脱贫是全面建成小康社会最艰巨的任务，必须充分发挥政治优势和制度优势，坚决打赢脱贫攻坚战。全国上下已达成共识，重庆市、石柱县也纷纷出台各项具体的扶贫举措，力保 2020 年全面脱贫任务的完成。在此背景下，华阳村制定了脱贫攻坚规划。

（一）指导思想

为积极推进精准扶贫精准脱贫工作，华阳村深入学习贯彻党的十八大精神，以落实重庆市四届三次全会精神为统揽，坚持"科学规划、突出重点、整合力量、集中攻坚、综合治理、保护生态、加快建设、强化特色"的总体要求，按照"扶贫切入、旅游带动、产业支撑"的基本思路，立足华阳村资源优势和特殊环境条件，以发展特色产业为主线，以扶贫规划为引领，以增加农民收入为核心，以体制机制创新为动力，外力推动与内力驱动有效互动，全力保障扶贫攻坚工作顺利开展。

（二）基本原则

华阳村立足发展实际与脱贫攻坚任务，确定了四大基本原则，以有效推进精准扶贫精准脱贫工作。

1.合理布局，分步实施

根据华阳村自然地理特征、资源优势和产业基础，以地区资源环境承载力为前提，科学规划产业布局，合理确定重点建设项目，区分轻重缓急、有序安排、逐年实施。

2.突出重点，错位发展

充分考虑发展需求和现实可能，找准发展差距，突出发展重点，明确建设任务，着力解决制约全村经济社会发展的瓶颈问题，统筹规划地区发展和扶贫攻坚。

3.总体推进，重在落实

以改善华阳村生产生活基础设施条件、培育扶贫特色产业为重点，坚持贫困村、贫困户"两个瞄准"，把解决扶贫对象最迫切的问题放在首位。在产业布局和项目安排上优先考虑贫困组和贫困劳动力，在人力资源开发上优先考虑扶贫对象，重在落实。

4. 城乡互动，协调发展

按照城乡统筹、协调发展的要求，合理规划产业，建立华阳村与金铃乡产业优势互补机制，促进资源有效利用，增强内在发展动力，形成以工促农、以城带村、城乡互动协调发展的良好格局。

（三）总体思路

为确保华阳村整村脱贫，提高贫困人口的收入，实现农民生活水平的日益提高，华阳村制定了详细的脱贫目标规划，通过量化考核，敦促脱贫进度的推进，以实现预期脱贫效果。根据金玲乡总体脱贫目标规划，2015年，金铃乡整体脱贫34户127人，占全部脱贫户数的23.13%；2016年，全乡脱贫72户251人，占全部脱贫户数的48.98%；2017年，预计脱贫41户147人，占全部脱贫户数的27.89%。就金铃乡4个村的脱贫目标而言，华阳村共脱贫30户114人。截至2017年6月，已基本完成了金玲乡制定的脱贫目标，仅剩余1户3人未脱贫，脱贫效果明显。

表2-1 2015~2017年华阳村脱贫目标

类别	脱贫户数（户）	脱贫人口（人）	2015年		2016年		2017年	
			户数（户）	人数（人）	户数（户）	人数（人）	户数（户）	人数（人）
金铃乡	147	525	34	127	72	251	41	147
华阳村	30	114	8	32	21	79	1	3
占比（%）	20.41	21.71	23.53	25.20	29.17	31.47	2.44	2.04

资料来源：由《金铃乡2015~2017年到村、到户脱贫目标一览表》整理得到。

（四）拟采取脱贫方式

路者，道也；径者，直也。路径就是直达目标的最短距离。路子对头、方法得当，就会省时省力、事半功倍；反之，则费时费力、事倍功半。选择合适的脱贫方式，是脱贫攻坚工作的重中之重，更是检验脱贫成果可持续的标准。如果脱贫方式选择正确，一方面可以有效帮助贫困户脱贫，另一方面可成为贫困户增收致富的门路，进而更好地巩固脱贫的成效。

金铃乡实施精准扶贫工程，所采取的扶贫方式主要包括产业带动、梯度转移、搬迁安置、医疗救助、教育资助、低保兜底等六个方面。就华阳村而言，采取了产业带动、低保兜底、梯度转移和搬迁安置等四种脱贫方式。其中，产业带动为主要扶贫方式，共带动11户贫困户39人，这些贫困户通过中蜂养殖、花椒、洋姜、烤烟、漆树种植等产业的发展，实现了脱贫；通过低保兜底和梯度转移实现脱贫的分别有7户贫困户25人、7户贫困户26人，其中，梯度转移主要是引导高山贫困人口向乡镇、县城梯度转移；通过搬迁安置实现5户贫困户24人脱贫。

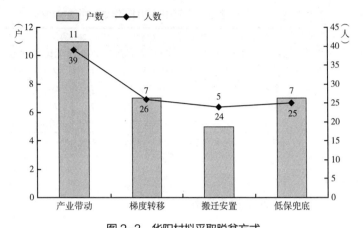

图 2-3　华阳村拟采取脱贫方式

资料来源：由《石柱县金铃乡一般、重点贫困户台账》整理得到。

第二节　脱贫攻坚过程

一　精准识别过程

（一）精准识别的重要性

为实现 2020 年全面建成小康社会的战略目标，脱贫攻坚战须精准识别贫困人口。[①] 所谓扶贫开发精准识别，就是按照统一标准，通过规范的流程和方法，找出真正的贫困村、贫困户，了解贫困状况，分析致贫原因，摸清帮扶需求，为扶贫开发瞄准对象提供科学依据。由此可见，

① 朱梦冰、李实：《精准扶贫重在精准识别贫困人口——农村低保政策的瞄准效果分析》，《中国社会科学》2017 年第 9 期。

做好建档立卡贫困户的精准识别工作是实现精准扶贫精准脱贫的关键和基础。

1.精准识别贫困户，是如期建成小康社会的新要求

习近平总书记强调，"十三五"时期是我们确定的全面建成小康社会的时间节点，最艰巨最繁重的任务在农村，特别是在贫困地区。"小康不小康，关键看老乡。"因此，要把握时间节点，努力补齐短板，科学谋划精准扶贫挂图作战，确保贫困人口如期脱贫。只有对象精准，才能解决贫困人口底数不清、对象不明、分布不详的问题，才能聚合专项扶贫、行业扶贫和社会扶贫力量，有计划、有步骤、分年度、分批次脱贫"摘帽"，最终实现扶贫攻坚战的胜利。

2.精准识别贫困户，是落实"六个一批""六个精准"的主任务

习近平总书记指出，要在扶持对象精准、项目安排精准、资金使用精准、措施到户精准、因村派人（第一书记）精准、脱贫成效精准"六个精准"上想办法、出实招、见真效。要坚持因人因地施策，因贫困原因施策，因贫困类型施策，区别不同情况，做到对症下药、精准滴灌、靶向治疗，不搞大水漫灌、走马观花、大而化之。只有抓住对象精准这个核心，用好贫困户建档立卡这个平台，才能因地制宜、因村施策、因户施法。

（二）华阳村精准识别指导思想

华阳村根据自身实际情况，将贫困户识别标准定为：

年人均纯收入低于当年国家贫困标准，具有劳动能力的农村居民户。由于华阳村为国家级贫困村，识别贫困村依据"一高一低一无"三条标准，且受总规模控制，同时综合考虑自身基本情况、发展情况、基础设施情况、生产生活条件、公共服务情况、帮扶资源情况等因素。所谓"一高一低一无"，即行政村贫困发生率高于全市平均水平1倍以上，即12%（国家统计局发布重庆市2013年农村贫困发生率为6%）；2013年华阳村农民人均纯收入低于全市平均水平的60%，即5000元（重庆调查总队公布2013年全市农村人均纯收入为8332元）；行政村无集体经济收入。同时，总规模控制在全市行政村总数的30%以内。

按照《石柱土家族自治县扶贫开发领导小组办公室关于开展2016年度农村扶贫对象动态调整工作》的要求，新增贫困户、返贫户和脱贫户识别流程，应该通过"四看"（看收入、看吃穿、看保障、看稳定发展态势）、采取"七步工作法"（政策宣传、业务培训、识别对象、录入更新、比对清洗、评估验收、审批备案）识别确认贫困户和脱贫户。新增贫困户、返贫户通过"八步两公示一公告"的流程识别认定，脱贫户通过"七步二公示一公告"的流程识别认定。

专栏 2-1

"八步两公示一公告"与"七步二公示一公告"

"八步两公示一公告"的具体做法为：①宣传发动，将新增识别政策宣传到户；②初选对象，在农户申请的基础上，各村召开村民代表大会，产生初选名单，由村委会和驻村工作队核实后进行公示，经公示无异议后报乡镇人民政府审核；③公示公告，乡镇人民政府对各村上报的初选名单进行审核，确定全乡（镇）对象户名单，在各行政村进行公示，经公示无异议后报县扶贫领导小组复审，复审结束后返回行政村公告，同时，通过互联网公告，并报市扶贫办备案；④结对帮扶，乡镇人民政府统筹安排有关帮扶资源，研究提出对贫困户结对帮扶方案，明确结对帮扶关系和帮扶责任人；⑤制定规划，在乡镇人民政府的指导下，由村委会、驻村工作队和帮扶责任人结合贫困户的帮扶需求和实际，制订到户帮扶计划；⑥填写《户表》，由乡政府组织，村委会、驻村工作队等对已确定的对象户逐户填写《户表》，逐月据实填写所有贫困户的《扶贫手册》《监测台账》；⑦数据录入，乡镇人民政府组织村委会、驻村工作队录入贫困户信息，建立台账，完善档案；⑧数据及时更新，实现动态管理，体现贫困户帮扶措施和成效。

脱贫户的识别采用"七步二公示一公告"流程。第一步，村民小组民主评议筛选提名（第一次公示）；第二步，村干部和驻村干部组织入户调查核实；第三步，贫困户认可；第四步，村级民主评议（第二次公示）；第五步，乡镇审核认定（对外公告）；第六步，信息录入更新；第七步，数据比对检查。

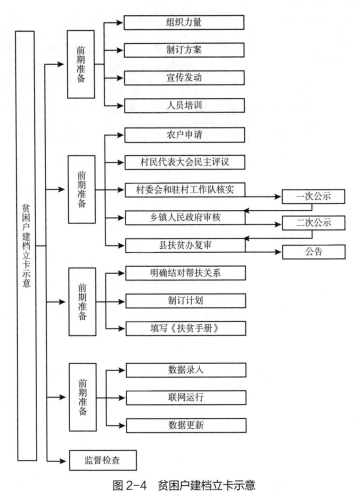

图2-4　贫困户建档立卡示意

（三）华阳村精准识别具体措施

华阳村贫困人口动态调整主要在于精准识别贫困对象，包括识别新增贫困户和返贫对象户。严格按照贫困人口识别标准、方法和流程，将因灾、因病、因学等致贫或返贫农户全部纳入扶贫开发信息系统。在贫困户的识别标准上，以是否实现"两不愁、三保障"（不愁吃、不愁穿，义务教育有保障、安全住房有保障、基本医疗有保障）为基本原则，以农民家庭年人均纯收入低于国家扶贫标准为贫困户识别标准，以农民家庭年人均纯收入稳定超过国家扶贫标准为脱贫户识别标准，严格按照"四进、七不进、一出、三不出"方法进行识别。

（1）"四进"。具备下列条件之一可作为新增或返贫对象评定为贫困户：一是 2016 年家庭年人均纯收入低于国家扶贫标准的农户；二是因缺资金有子女无法完成九年制义务教育的农户；三是无房且自己无能修建的农户，或只有一套常住房且为尚未改造的危房，目前已经存在安全隐患自己却无力修建的农户；四是因家庭成员患重大疾病或长期慢性病等，扣除各类救助后，自付医疗费用仍然很高，导致家庭处于国家扶贫标准以下的农户。

（2）"七不进"。具备下列条件之一不能被评定为贫困户：一是 2016 年家庭年人均纯收入（可支配收入）高于当地平均水平的；二是 2014 年以来购房或修建新房，或高标准装修现有住房的（不含因灾重建、高山生态扶贫搬迁和国家统征拆迁房屋）；三是家庭拥有或使用汽（轿）车、船舶、工程机械及大型农机具的；四是家庭办有或投资企业，长期雇用他人从事生产经营的；五是家庭成员中有财政供养人员（含村干部）；六是举家外出一年及一年以上的家庭；七是其他明显不符合扶贫开发对象标准的情形。

（3）"一出"。现有建档立卡贫困户中，具备下列条件的，列为 2016 年脱贫户。即 2016 年家庭年人均纯收入超过国家扶贫标准，并真正实现了教育、医疗、住房安全三保障，饮水安全和生活用电问题已经解决，不因患重大疾病、长期慢性病等需大额医疗费用而返贫的贫困户。

（4）"三不出"。现有建档立卡贫困户中，具备下列条件之一的，不能作为2016年脱贫户退出。一是农户家庭人均纯收入没有稳定超过国家扶贫标准，没有稳定实现"两不愁、三保障"的；二是虽然享受了扶贫政策，但当年尚未明显见效的；三是建档立卡"回头看"后新纳入的贫困户原则上不能退出。

华阳村依据"四进、七不进、一出、三不出"的识别方法，通过"八步两公示一公告"的认定流程，每年都对贫困户进行调整。2015年以来华阳村贫困户增减情况如表2-2所示，从中可以看出，2015年实现脱贫8户32人，2016年实现脱贫21户79人，2017年实现脱贫1户3人。

二 脱贫攻坚过程

（一）2014年：建档立卡阶段

2014年，华阳村开始对贫困户建档立卡，从图2-5可以看出，当年27户建档立卡贫困户分布在4个村民小组。由于华阳村地处山区，各小组之间距离较远，所处自然环境也存在差异，部分小组中的农户生活在海拔相对较低的

表2-2 2015年以来金铃乡贫困户增减情况

单位：户、人

村别	2015年已脱贫户人口自然增减情况						2016年拟脱贫户人口自然增减情况						2017年拟脱贫户人口自然增减情况					
	脱贫户数	脱贫人数	自然增加户数	自然增加人数	自然减少户数	自然减少人数	贫困户数	贫困人数	自然增加户数	自然增加人数	自然减少户数	自然减少人数	贫困户数	贫困人数	自然增加户数	自然增加人数	自然减少户数	自然减少人数
银杏	12	47	1	2			15	44	2	2			24	95	2	3	1	1
响水	10	33	2	5			22	80	4	8			1	3				
石笋	4	19	1	1	1	2	14	48	2	3	1	3	22	83	9	13		
华阳	8	32			1	1	21	79	1	1	1	1	1	3				
合计	34	131	4	8	2	3	72	251	9	14	2	4	48	184	11	16	1	1

资料来源：由《金铃乡2015～2017年到村、到户脱贫目标一览表》整理得到。

山区，有的贫困户则散居在海拔高达 900 余米的山上。在 4 个村民小组中，川洞组贫困户数居多，共 10 户，占全村贫困户总数的 37.04%，主要是由于川洞组交通不便，多数农户居住在山上，且人口基数大（见图 2-5）。

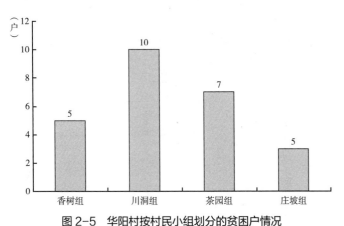

图 2-5　华阳村按村民小组划分的贫困户情况

资料来源：由《石柱县金铃乡一般、重点贫困户台账》整理得到。

从建档立卡贫困户的家庭人口规模来看，在 30 户贫困户中，规模为 3 人、4 人、5 人的家庭所占比例为 76.67%（见图 2-6）。而那些人口规模大的家庭，往往底子薄、具有劳动能力的人口少，这些因素的叠加，加剧了贫困家庭生活的艰辛。此外，这些家庭一般多为祖孙三代，既有年龄较大的老人，又有在学校就读的学生。因此，这些家庭中医疗、教育费用支出较大，导致贫困的发生。

（二）2015 年：扶贫攻坚阶段

2015 年，华阳村立足本村实际，实事求是，从现有发

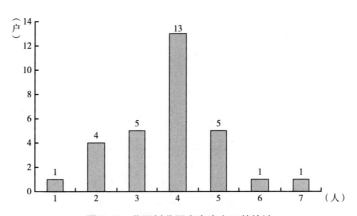

图 2-6　华阳村贫困户家庭人口数统计

资料来源：由《石柱县金铃乡一般、重点贫困户台账》整理得到。

展阶段和社会经济水平出发，制定了一系列可具操作性的扶贫措施。2015 年既是本轮扶贫攻坚工作的关键之年，又是确保打赢脱贫攻坚战的重要一年。

为如期实现脱贫目标，华阳村主要采取产业带动、梯度转移和低保兜底等帮扶措施，以发展产业为重点，加大了扶贫力度以实现贫困户家庭经济收入的增加，确保贫困户脱贫摘帽。2015 年，华阳村实现了 8 户 32 人脱贫，完成了既定的脱贫目标。8 户贫困户包括了一般贫困户 4 户、低保贫困户 4 户；其中 2 户来自庄坡组，3 户来自川洞组，1 户来自香树组，2 户来自茶园组（见表 2-3）。

表 2-3　华阳村 2015 年脱贫名单

单位：人

组别	贫困人数	贫困户属性	主要致贫原因	帮扶类型	主要帮扶措施
川洞	3	低保贫困户	因残	低保兜底	纳入低保兜底，发展产业
庄坡	6	一般贫困户	因学	产业带动	发展产业，提供产业技术培训

组别	贫困人数	贫困户属性	主要致贫原因	帮扶类型	主要帮扶措施
庄坡	4	一般贫困户	因学	梯度转移	发展产业，帮助就业
川洞	4	一般贫困户	因学	梯度转移	提供技术培训，创造就业机会
川洞	5	低保贫困户	因残	低保兜底	纳入低保兜底，发展产业
香树	4	低保贫困户	因病	低保兜底	纳入低保兜底，创造就业机会
茶园	4	一般贫困户	因残	产业带动	发展产业，申请大病救助
茶园	2	低保贫困户	缺技术	梯度转移	提供技术培训，创造就业机会

资料来源：由《石柱县金铃乡一般、重点贫困户台账》整理得到。

（三）2016 年：攻坚决胜阶段

2016 年是攻坚决胜的关键之年，为保证整村实现脱贫目标，华阳村全村下大气力，鼓足干劲，想尽所有办法为脱贫攻坚寻找路径。课题组也正是在该村最忙碌的时间段开展了本次调研活动，四次赴华阳村调研的经历，均给调研组成员留下了深刻印象。第一书记的兢兢业业、驻村工作队的辛勤付出，都成为华阳村脱贫攻坚强有力的保障。2016 年，由于任务繁重、涉及面广、脱贫难度大，脱贫工作遭遇了极大的挑战。在石柱县、金玲乡党委政府的正确领导及大力支持下，驻村工作队、村两委干部积极配合，共实现 21 户 79 人脱贫。在 21 户贫困户中，有重点贫困户 8 户、一般贫困户 13 户。

2016 年，主要解决了因病致贫和因残致贫的贫困户各 6 户的脱贫问题, 帮助 4 户因学致贫的贫困户实现脱贫, 同时也解决了自身发展动力不足的 5 户贫困户的脱贫问题 (见图 2-7)。此外, 还通过采取产业带动的方式, 为 5 户高山居民实现了搬迁安置。

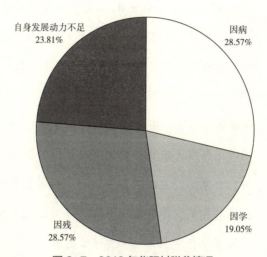

图 2-7　2016 年华阳村脱贫情况

资料来源: 由《石柱县金铃乡一般、重点贫困户台账》整理得到。

(四) 2017 年: 兜底巩固阶段

2017 年是华阳村脱贫攻坚的最后阶段, 全村还有贫困户 1 户 3 人未实现脱贫。主要原因在于该贫困户的户主及妻子多病, 儿子单身, 又没有一定的技能, 不能实现有效就业, 难以找到保障家庭收入稳定的来源。政府为帮助该户实现脱贫, 采取了资产收益模式兜底, 并辅以搬迁安置、发展产业等措施。

专栏 2-2　石柱县四种资产收益模式

——2015年敦煌市发改局帮扶新店台村精准扶贫情况

（一）股权收益扶贫。带动贫困户总数按项目补助资金每2万元带动1户贫困户测算。一是原则确定单个项目财政补助资金控制额度，分别为：家庭农场10万元，农民合作社40万元，农业企业50万元，县级农业龙头企业90万元，市级及以上农业龙头企业120万元。二是农业经营主体、村集体、贫困户持股比例分别占财政补助资金的50%、10%、40%。三是项目存续期为5年，项目存续期内原则上不得要求退股。四是每年按持股金额的8%实行固定分红，同时根据投入农业经营主体财政补助资金产生效益的40%向农村集体经济组织和贫困户实行效益分红；若农业经营主体财务制度不健全等导致年终效益无法核实，农业经营主体按不低于持股金额的4%进行效益分红。五是项目存续到期后，农业经营主体按股金原值返还。

（二）信贷收益扶贫。贷款最大额度不超过涉及贫困户户数乘以5万元的标准。年利率由县扶贫办和银行签订协议约定。一是实施对象为各类经营主体。二是享受对象为贫困户，贫困户不参与实施项目的经营管理，不承担经营主体的任何债务。三是贷款额度按每带动1户贫困户可贷款5万元为标准进行计算。四是贷款期限一般以1年为限，最长不超过3年。五是经营主体完成带动贫困户分红任务后按同期国家基准利率标准给予贴息，当年贴息资金足够时也可全额贴息。六是经营主体每年根据约定按贷款资金的6%对贫困户实行固定分红，同时根据经营主体贷款资金产生效益的 40% 向贫困户实行效益分红，10% 向农民合作社实行效益分红。若经营主体年终效益无法核实，经营主体按不低于贷款金额的 2% 进行效益分红。

（三）基金收益扶贫。建立 1 亿元资产收益扶贫专项基金。一是申请对象为农民合作社及参与产业扶贫的各类企业。二是收益对象主要为全县重点贫困户，贫困户不参与实施项目的经营管理，不承担经营主体的任何债务。三是申请借用额度按每带动 1 户重点贫困户 5 万元标准计算。四是基金借用时限为 5 年，具体时限由双方约定，按一年一审的情况，可展期。五是基金收益由固定收益和效益收益构成，固定收益按基金借用单位借用资金乘以同期银行贷款基准利率分配给重点贫困户；效益收益按基金借用单位借用资金产生效益的 40% 分配给重点贫困户，10% 用于基金管理机构的管理费用。若基金借用单位财务制度不健全等导致年终效益无法核实，基金借用单位按不低于基金借用额的 4% 进行效益分配。

（四）旅游收益扶贫。从 2017 年起每年预算安排 1000 万元乡村旅游发展资金。实施对象为新发展、加入"黄水人家"且带动贫困户的经营主体，带动对象为贫困户。一是对"黄水人家"会员成功创建三星、四星、五星级农家乐的，带动贫困户 10 户以上且由县商务局评定为星级农家乐，并按照 2 万元、5 万元、10 万元的标准给予专项补贴；符合森林农家验收标准的农家乐，申请加入"黄水人家"，可以享受"森林人家"补助政策；凡是加入"黄水人家"的农家乐，由"黄水人家"统一申请工商部门微型企业补助。二是对所有直接经营乡村旅游的贫困户，具备相应接待条件且加入"黄水人家"的，给予每户 3 万元补助；符合"森林人家"条件的，由县林业局进行建设指导和政策补助。三是对利用当地资源发展旅游食品、旅游手工艺品制作的贫困户，给予设备采购金额 15% 的补助，最高不超过 5 万元。四是贫困户到县外正规培训机构接受旅游服务技能培训，凭培训证明和发票由县旅游局据实补助食宿、交通费用。五是经营农家乐的贫困户开展宣传营销活动的，由县旅游局给予 20% 的宣传补贴，最高不超过 1 万元。六是对非贫困户新发展乡村旅游并带动贫困户的，每带动 1 名贫困户向经营主体补助 2 万元扶贫专项资金，每年按补助资金的 6% 实行固定分红，同时按补助资金产生收益的 40% 向贫困户实行效益分红；若经营主体财务制度不健全等导致年终效益无法核实，经营主体按不低于补助资金的 4% 进行年度效益分红；项目存续期为 5 年。每个新增乡村旅游户都应当带动 1 名以上贫困户。

第三节　扶贫效果分析

一　调研概况

本次集中调研共分为两次，分别搜集了县、乡、村的扶贫材料，以及扶贫问卷。其中，2016 年 11 月 20~22 日，课题组首次前往重庆市石柱土家族自治县金玲乡华阳村进行调研。本次调研从三个层面展开。一是县级层面。与石柱县扶贫办、水务局、农业局、林业局、财政局、环保局、国土局、交通局等相关部门的主要领导进行座谈，围绕精准扶贫精准脱贫工作，在宏观层面进行深入交流，并收集县级层面的精准扶贫精准脱贫相关资料。二是乡镇层面。在石柱县金铃乡调研期间，与金玲乡主要领导进行座谈，就该乡开展精准扶贫精准脱贫工作进行交流，并收集了乡镇层面的相关资料。三是村级层面。在华阳村调研期间，与村干部、第一书记、驻村干部等进行座谈，就华阳村精准扶贫精准脱贫工作进行交流，收集了村级层面的相关资料，同时开展村级调查问卷的第一次填报工作。

2017年2月15~19日，课题组一行8人前往华阳村进行农户问卷调研。本次调研的主要任务就是开展"一对一"农户问卷调查，以及村级问卷的补充完善。根据精准扶贫精准脱贫百村调研项目办公室的总体要求，首先抽取调研农户样本。由于该村只有30户建档立卡户，其中的2户已经外出务工，因此，增加了2户非贫困户，以满足每村60份农户问卷的要求。经过与该村第一书记、驻村干部、村"两委"成员进行多次讨论，最终确定了调研样本。由于山区农户居住分散，课题组成员分赴不同的村组进行入户调查，填写农户调查问卷。每天晚上课题组成员完成问卷的自查，然后再交叉互检，尽可能保障问卷不存在遗留问题。其间，对第一次调研填报的村级问卷进行了完善。

在调研内容的选择上，本次精准扶贫精准脱贫百村调研在村庄、农户两个层面展开，这两个层面的调研内容如下。

一是村级层面，调研的主要内容涵盖了村庄基本状况、贫困状况及其演变、贫困成因、减贫历程和成效、脱贫和发展思路和建议等。通过村级问卷调研，可以了解村庄基本情况及其近年变化、了解村庄贫困情况及其近年变化、了解村庄社会治理情况，以进一步理解制度政策、村庄治理与村庄和农户发展之间的联系。

二是农户层面，调研的主要内容涵盖家庭成员、住房条件、生活状况、健康与医疗、安全与保障、劳动与就业、政治参与、社会联系、时间利用、子女教育、扶贫脱贫等 11 项内容，通过农户问卷调查，了解农户人口、经济、生活、享受惠农政策等基本情况，了解贫困户的贫困状况、致贫原因以及贫困变化情况，了解贫困户享受扶贫政策情况及其效果。本报告将重点阐述扶贫效果，集中展现精准扶贫精准脱贫给贫困户和华阳村带来的实际效果。

二 华阳村脱贫攻坚工作成效

自 2014 年脱贫攻坚工作开展以来，华阳村支"两委"高度重视扶贫工作的推进，驻村工作队和村组干部严格按照精准扶贫精准脱贫的基本方略落实开展扶贫工作，并取得了一些成效。

第一，抓精准识别，把握关键环节。精准识别贫困户是展开脱贫攻坚工作的第一步，也是最关键的一步。华阳村严格按照"八步两公示一公告"程序下乡走访调查，并根据致贫原因归类整理，最后对所有贫困人口实行建档立卡信息化、动态化的统一管理。

第二，抓因人施策，把握精准要义。华阳村严格按照"六个一批"的内容对建档立卡贫困户进行分类整理，并根据贫困户的具体情况因人施策，制订符合自身条件的全面的脱贫计划。针对就业难的贫困户，介绍其外出务工，解决就业难问题；针对产业发展难的贫困户，通过开展产业技能培训，鼓励村民种植漆树、花椒、洋姜，通过自主创业带动当地经济发展；针对住房难的贫困户，实施高山生态扶贫搬迁；针对医疗救助难的贫困户，使其全部参加城乡居民医疗保险、全部参加大病医疗补充保险；针对教育资助难的贫困户，实施教育补助；针对缺乏基本生活保障的贫困户，通过办理低保，保障他们的基本生活。

第三，抓督办推进，把握工作进度。按照全市的统一要求，华阳村以"三个一"为载体，扎实推进精准扶贫。一村一幅作战图，包括时间表、任务图、责任人；一村一套展板，包括村级简介、贫困户公示栏、扶贫规划、"六个一批"帮扶一览表、干部包扶一览表等内容；一户一个档案盒，将贫困户申请书、贫困户登记表和入户调查表、贫困户帮扶脱贫计划、干部帮扶情况、贫困户脱贫评估表、脱贫认定书等资料建档立卷。乡领导和驻村工作队不定期到华阳村检查"三个一"落实情况，督办工作进度，确保精准扶贫工作求真务实，取得实效。

第四，抓整村推进，把握扶贫资金投入精准，解决贫困户"八难"，实现贫困村"八有"。通过严格执行党务、财务、政务，特别是将惠民政策项目资金和村收支情况明细账进行每月一次公示。

第五，抓产业发展，增强农民增收措施。华阳村村民委员会在 2015 年 12 月成立金花漆经济协会，通过与村民签订花椒、漆树种植合作协议，以代种代养模式，带动居民发展花椒、漆树种植业，建立长效产业发展机制。通过引进龙头产业，建立长效产业发展机制，从而保障农民稳定增收，最终实现精准脱贫。

第六，抓政策落实，加强社会保障体系建设。在开展脱贫攻坚工作过程中，华阳村严格按照精准扶贫整体思路，以实现三年全面脱贫为整体目标，构建"三位一体"的攻坚格局，确立"四级帮扶"制度，整体围绕"六个一批""六个精准"，以精准扶贫和整体推进"两轮驱动"为载体，着力解决贫困户"八难"，实现贫困村"八有"标准，最终实现精准脱贫。华阳村坚决落实以改善民生为重点的惠农政策，把粮食直补、农资综合直补、农机具购买补贴等政策落到实处，做好新农合、低保、临时救助等工作，着力解决群众最关心、最直接、最现实的利益问题。

第七，抓基层组织，增强发展的战斗能力。2016 年，新一届领导班子成立后，金铃乡也对乡村两级各部门领导进行了明确分工，并重新成立了驻村工作队和领导小组，坚持"吃在村、住在村、干在村"。向贫困村选派1名第一书记、1个驻村工作队、1名大学生村官，帮助贫困村制定脱贫规划、落实脱贫项目，确保了"村村都有工作队、户户都有责任人"；采取"一帮一"方式，落实乡村干部与全村30个建档立卡贫困户的结对帮扶，每月进村入户开展3次以上帮扶，做到真扶贫、扶真贫、真脱贫；定期开展党内组织生活，加强对党员的教育管理；明确村支"两委"干部岗位目标，严格执行基层党建工作述职、考核制度，并主动接受群众监督；按照不低于其他村1.5倍的标准落实服务群众工作专项经费；联系领导经常深入贫困村，现场办公解决基础设施建设、产业发展等实际难题。

第八，抓培训教育，扶志与智，增强自身发展动力。扶贫要扶志与智，这是开展脱贫攻坚工作的难点。华阳村大力发展花椒、漆树、洋姜特色产业，促进长效产业发展机制，为帮扶对象提供免费技能培训，使每户扶贫对象至少掌握1项就业技能或实用技术，促进稳定就业、增收脱贫；为提升干部素质，开展"两学一做"专题教育集中学习；为增强华阳村劳务输出，集中开展就业培训、岗前培训；另外华阳村为鼓励贫困户劳动就业，实施开展"雨露计划"培训，培养专技人才；华阳村为鼓励发展商务贸易，积极开展电子商务培训，用科学技术创新产品销售渠道，带动产业长效发展。

三 扶贫效果满意度分析

本次调查问卷对扶贫效果的调查主要有三个问题，分别是：政府为本村安排的各种扶贫项目是否合理，本村贫困户选择是否合理，本村扶贫效果评价打分等。对全村60户（30户贫困户、30户非贫困户）农户调查的结果表明，在"政府为本村安排的各种扶贫项目是否合理"的调查中，认为很合理的有52户，占总调查户数的86.67%，而觉得比较合理的户数有5户，占总调查户数的8.33%（见图2-8）。总体而言，政府为华阳村安排的各种扶贫项目基本合理，符合华阳村发展的需求和农民的增收需要，华阳村所采取的扶贫项目是得人心顺民意的，基本达到了预期脱贫目标。

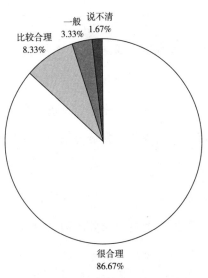

图2-8 政府为华阳村安排的各种扶贫项目是否合理

针对"本村贫困户选择是否合理",所调查的 60 户农户中,认为贫困户选择很合理的有 47 户,占总调查户数的 78.33%;认为贫困户选择比较合理的有 11 户,占总调查户数的 18.33%;而认为一般或者说不清的户数均为 1 户,占总调查人数的 1.67%(见图 2-9)。由此可知,华阳村在对贫困户的选择上,认定程序和选择标准基本合理。

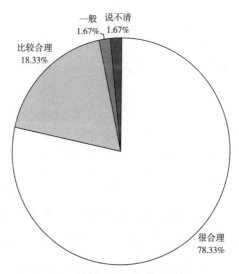

图 2-9 华阳村贫困户选择是否合理

针对"本村扶贫效果评价"问题,调查结果表明认为本村扶贫效果很好的有 51 户,占总调查户数的 85.00%;认为比较好的有 7 户,占总调查户数的 11.67%;而认为本村扶贫效果说不清的有 2 户,占总调查户数的 3.33%(见图 2-10)。结果显示,村民对于本次扶贫效果的认可度较高,认为此轮扶贫攻坚工作确实解决了农民的贫困问题,取得了良好效果。

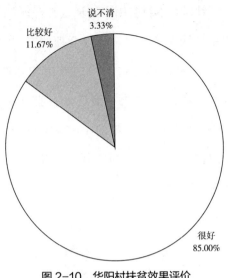

说不清
3.33%

比较好
11.67%

很好
85.00%

图 2-10　华阳村扶贫效果评价

四　贫困户脱贫效果对比

由于 2014 年华阳村共有建档立卡贫困户 30 户，本次调查涉及了所有贫困户，为检验本次脱贫攻坚工作的脱贫效果，课题组分析了所有贫困户 2014 年以来的家庭人均纯收入情况。整体而言，2014 年以来，在县、乡、村扶贫工作的推动下，贫困户的人均纯收入均呈现上涨态势，2015 年较 2014 年上涨幅度不大，但是 2016 年贫困户的家庭人均纯收入较以往年份有很大提高，多数贫困户实现了脱贫（见图 2-11）。无论是重点贫困户，还是一般贫困户，通过产业带动、梯度转移、搬迁安置、低保兜底等措施，都得到了就业机会，参加了产业技术培训，并实现了易地搬迁，保证了生产生活需要。

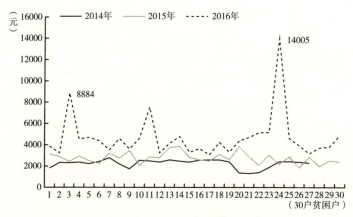

（元）

图2-11　2014~2016年华阳村贫困户人均纯收入变化

资料来源：由华阳村贫困户建档立卡档案整理得到。

　　2014年建档立卡贫困户的人均纯收入为2260元，到2015年人均纯收入提高到2776.8元，增长22.87%。截至2016年底，30户贫困户的人均纯收入达到了4699.8元，比2014年翻了一番，扶贫效果明显，除个别贫困户未实现脱贫外，其余贫困户均已越过国定贫困线。需要说明的是，在2016年，有两户贫困户的人均纯收入出现了异常变动。其原因在于，第3户贫困户2014年的人均纯收入仅为2320元，1名劳动力外出务工之后，增加了收入，2016年人均纯收入实现8884元，增长了近4倍；第24户贫困户，2015年家庭人口规模为3人，2016年离婚，男性贫困人口离开家庭，女儿随母亲生活，贫困户家庭人口规模变为2人，相同的总收入情况下，人均收入增加。

五 攻坚脱贫成绩单

华阳村为积极推进精准扶贫精准脱贫工作，在各级政府帮扶下，结合自身发展特性，形成了应对贫困户"八难"的各项举措，并取得了初步进展。

（一）稳定增收难问题

华阳村通过投入产业扶持资金 50 万元，其中花椒 20 万元、漆树 30 万元，共鼓励 135 户农户大力发展花椒 500 亩、漆树 1000 亩；全面落实到人到户产业资金 8.1 万元，大力推动产业发展，实现产业稳定增收。

（二）便捷出行难问题

2014 年至 2016 年投入资金 638 万元完成硬化大见路 10.68 公里；投资 66 万元完成庄坡产业便道建设 2.2 公里；投入资金 75 万元完成茶园路改扩建 6.5 公里；投入资金 50 万元完成天子坪路改扩建 6.42 公里；共计投入资金 829 万元完成 25.8 公里道路建设；计划 2017 年完成对茶园—川洞公路的改扩建。

（三）安全饮水难问题

2016 年，华阳村共投入资金 22.07 万元，实施川洞组人畜饮水项目建设，目前全面解决了全村 270 户 798 人的"饮水难"问题，实现户户有水通。

（四）住房改造难问题

2015 年，华阳村共投入资金 44.8 万元，实施 12 户生态搬迁项目建设；2016年，又投入资金47.4万元，实施11户易地搬迁项目；共计92.2万元；2017年，计划完成4户搬迁工作，解决居民住房问题。

（五）素质提升难问题

华阳村针对贫困户进行产业技术培训、"雨露计划"培训、电子商务培训等相关技能培训，实现就业培训梯度转移13户贫困户；提供就业公益性岗位1人；2017年通过"基地+农户"模式计划发展中蜂养殖650群，并提供大量专业技术指导、培训。

（六）看病就医难问题

2016年，华阳村修葺完善村卫生院，30户贫困户114人全部参加城乡居民医疗保险、大病医疗补充保险；全村城乡居民养老保险参保率达100%，新型农村合作医疗参合率达98%以上，并对8户贫困户实施低保兜底保障。

（七）子女上学难问题

目前，华阳村小学学龄儿童和初中学龄儿童入学率均达100%，11户贫困户儿童教育资助标准为平均每人每年到户1000元，共计投入17050元。

（八）公共服务难问题

2016年，华阳村修建垃圾池2个；投入资金2.3万元整修便民服务中心；投入资金25.9万元进行香水坝大院环境整治；投入资金 15 万元实施香水坝河堤建设；县残联投入资金 5 万元完成杨胜富人行便道修建、投入资金 3 万元完成李永国危房整修；体育局投入资金 4 万元完成华阳村委会活动广场修建，全面改善公共服务设施。

第三章

华阳村精准扶贫精准脱贫
四大工程

第一节 基础设施工程

一 道路硬化及扩建工程项目

　　华阳村是石柱县最偏远的山村之一，还是国家级贫困村。调研组从县城乘车到华阳村，大约需要两个小时。为了便于村民前往县城及沿线地方，石柱县开通了县城至华阳村的班车，但每天只有一班车往返。由于山区道路蜿蜒曲折，且路途遥远，在冬季白天时间较短，每天下午3点之前则无法乘车，给村民造成了极大的不便。此外，每个村民小组都散居在不同的区域，彼此之间相距较远，有的农户门前仍为土路，一旦遇到阴雨连绵的天气，村民出行困难加剧。据调研，村民若想通过公交车往返县城，需要提前一天与公交车师傅取得联系，确定第二天上车的时间与地点，如此落后的交通给当地居民生活，及华阳村社会经济发展形成了严重制约。

为此，2015 年和 2016 年，华阳村在县交通委、县扶贫办、县发改委等部门的资助下，实施了多项公路改扩建工程，通过硬化或新建道路，基本满足了村民出行需求（见表 3-1）。

表 3-1　2015~2016 年华阳村改扩建工程

单位：万元

年份	改扩建工程	资助单位	资助金额	备注
2015	大见路硬化工程	县交通委	638	硬化道路 10.68 公里，路宽已达 5.5 米
	茶园路扩建工程	县交通委	25	硬化道路 2 公里，路宽已达 4.5 米
	庄坡路硬化工程	县扶贫办	66	硬化道路长度 2.2 公里，宽 3.5 米
	长五间之两扇岩公路改扩建工程	县扶贫办	50	完成改扩建 6.42 公里
2016	新建了 17 条人行便道	县发改委	37.75	新建了人行便道 7.8 公里，铺设规格为 0.8 米宽、0.1 米厚，受惠群众共 99 户 300 人

资料来源：石柱县金铃乡华阳村提供。

2016 年，华阳村实现了多项基础设施建设项目，总投资达到 942 万元。其中，大见路硬化 10.68 公里，总投资 638 万元；庄坡路硬化 2.2 公里，总投资 66 万元；香水坝大院环境整治 13 户，总投资 25.9 万元；茶园路扩建 2 公

图 3-1　华阳村庄坡组扶贫项目便道硬化项目对比
（华阳村提供）

里，总投资 25 万元；香水坝河堤建设工程，总投资 15 万元；高山生态扶贫搬迁 13 户。从课题组 2017 年 1 月第二次调研的华阳村情况来看，越来越多的道路正在铺设之中，华阳村通往县城、贫困户通往村主干道的道路正在取代以往的土路模式，农户出门更方便了，阴雨天气出门也更加便利了，扶贫效果较为明显。

二　人饮工程项目

解决农村饮水安全问题，让群众喝上干净、方便、放心的水，不仅有利于保障农民群众身体健康，更体现了广大农民共同的迫切要求，也是社会主义新农村建设、美丽乡村建设的重要内容。为改善华阳村的饮水条件，实现农民饮水安全，保障农民生活权益。石柱县税务局在2015年，就联合石柱县扶贫开发办公室印发《关于集中力量开展水利扶贫攻坚的实施意见》，指出水利扶贫工作的总体思路是按照"精准识别、精准帮扶、精准管理"原则，以贫困村为主战场，以建档立卡贫困人口为主要对象，以民生水利项目为重要抓手，坚持整体推进与精准到村到户、重点水利工程与小微水利项目建设、上级积极支持与地方自力更生相结合，全面推进水利行业扶贫，为石柱县在全市率先全面建成小康社会提供水利基础支撑。并制定了具体的目标任务，即按照县委2017年底实现全县30个乡镇85个贫困村全部脱贫"摘帽"，5.49万建档立卡贫困人口全部脱贫销号，坚持把改善贫困村民生、满足贫困群众生产生活需求作为主要任务，着力加强贫困地区农村饮水安全建设、农田水利设施建设、防洪减灾能力增强、水土保持生态建设、水资源管理与保护、水利工程管护改革等重点工作，2016年底前实现贫困村建有自来水厂或集中供水工程，自然村或相对集中的居民点农户饮用水水质合格率达70%以上，基本解决人畜饮水安全问题；农田水利基础设施得到明显改善，2017年底前贫困村农田灌溉保证率、农田有效灌溉面积占耕地面积比例达到或接近全县平均水平；重点贫困村防汛抗旱减灾体系进一步完善，水土流失综合治理、水生态保护能力进一步加强，水资源配置更加合理，水利基础设施公共服务能力达到或接近全市平均水平，从根本上扭转贫困村水利设施滞后的局面。为此，提出了三大工程建设如下。

（一）着力加快农村饮水安全工程建设

坚持"群众主体，政府主导，建管并重，长效运行"的原则，推行"13456"工作机制，即锁定 1 个目标——解决 29137 贫困人口的饮水安全问题，实现村村通自来水、人人喝干净水，通水入户率达 100%；坚持 3 个同步——在项目实施中坚持工程建设、水源保障、管护机制同步推进；实现 4 个达标——供水水质、水量、方便程度和保证率达标；强化 5 个措施——依托提升城镇或农村集中供水工程供水能力向贫困村管网延伸、水厂联网、兴建规模化供水工程、新建蓄水池和高山生态扶贫搬迁解决居民饮水安全问题；抓好 6 个落实——在建后管护上突出抓好工程产权、管护机构、管护制度、管护人员、管护经费、供水水价落实，确保工程建得成、用得起、管得好、长受益。

（二）着力改善农田灌溉条件

加快万胜坝水库、东方红水库工程建设，力争 2017 年底完成土堡寨水库、五一水库、田畈水库 3 座重点小（2）型水库和猫岔沟水库、虾趴沟水库、下后湾水库等 10 座一般小（2）型水库除险加固，结合国土整治、农业综合开发等项目的实施，力争到 2017 年贫困村整治山坪塘 411 口，积极争取资金整治小渠堰 361 千米，新建渠道

45.5 千米，贫困村农田灌溉保证率和有效灌溉面积占耕地面积的比例有较大幅度提高。

（三）着力加快水利基础设施建设

积极推进马武镇来佛社区和金鑫村、枫木乡风竹村、悦崃镇悦来村、黄鹤镇汪龙村等贫困村主要支流治理、中小河流治理和山洪灾害防治，优先实施贫困村中小型水源工程建设，加强蛟鱼水库等水源地保护，继续支持贫困村开展小水电生态工程建设，加快三益乡寨上、大保等贫困村水土保持小流域治理和坡耕地改造，努力提高贫困人口耕地面积和创收能力。稳步推进小型水利设施产权改革，优先将贫困村符合条件的小型水利工程纳入小型水利工程维修养护和项目建设范围，提高管护水平，促进贫困村中小型水利工程良性运行。

在具体实施过程中，2015 年，石柱县水务局总投资 22.07 万元用于川洞人饮工程建设，并于 2016 年 6 月底全部完工。该项目先后拨付 15.01 万元和 7.06 万元用于老房子人饮工程和大河坝人饮工程，通过新建水池，安装管网，解决了部分群众的饮水困难。目前，华阳村已全部接通了自来水管道，农民饮水安全得到了极大保障。在提供安全优质水源的同时，农民使用自来水的水费全免，为广大村民带来了福利，提升了民生福祉。

2016 年，石柱县发改委、县水务局又拨付 7.28 万元，在华阳村新建 6 座水池，容量为 12 立方米（铺设的管道中，25 管 2300 米，20 管 1500 米），涉及用户 43 户。其

图3-2　华阳村人饮工程效果

（华阳村提供）

中，在香水坝增设管网25管1000米，20管300米；在竹坪、新房子、中岭、思梨堡、姚家湾、椿树湾都新建了2立方米水池1座；在芭蕉塘维修25管200米，20管200米；在火石子湾增设管网300米。

据统计，华阳村共在中岭、新房子、姚家湾、椿树湾、大湾、狮立堡、香树居民点、两扇岩等地完善了人饮工程，铺设20管5840米、25管1690米，惠及46户169人，新建水池17个，人饮工程的不断修缮，极大地方便了百姓的生活，也保障了人民的身体健康。

表3-2　华阳村新建人畜饮水工程情况汇总

地点	20管（米）	25管（米）	户数（户）	人数（人）	搬运里程（米）	水池（个）
中岭	1180	0	5	14	800	2
新房子	490	0	3	15	1000	2
姚家湾	400	50	3	13	120	2
椿树湾	1700	10	3	12	5000	2
大湾	650	20	4	7	2000	1
狮立堡	400	600	3	9	50	2
香树居民点	100	1000	11	42	0	0

地点	20 管（米）	25 管（米）	户数（户）	人数（人）	搬运里程（米）	水池（个）
建房贫困户	920	0	11	42	0	0
两扇岩	0	10	3	15	30	6

资料来源：《2016年华阳村新建人畜饮水工程情况汇总表》。

三 公共服务设施改建工程项目

加强公共服务设施建设对于我们建设惠及十几亿人的小康社会来说意义重大。一个国家的兴盛，不只是城镇生活的富足，在农村公共服务上却表现匮乏。贫困地区受历史、经济等因素影响，公共服务设施建设一直相对落后于其他地区，加大贫困地区公共服务设施工程建设，对于加强基层党支部建设、团结凝聚广大农民具有重要意义。

2015年，石柱县扶贫办先后拨付25.9万元和3万元，用于香水坝大院环境整治和便民服务中心建设。香水坝共整治大院环境16户，建设便民服务中心1个、卫生室1个、便民超市1个，极大改善了民生环境。调研组于2016年11月第一次到华阳村调研时，村委大院的体育运动场所正在建设之中（见图3-3左），2017年1月，再次到该村调研时，已全部完工，并投入使用（见图3-3右）。此项扶贫项目的实施，体现了扶贫工作真正做到了为民所想，为民办实事，扶贫效果显著。

此外，石柱县民族宗教委员会资助15万元，用于香

图3-3　华阳村委院内公共服务设施改建对比

（王宾拍摄，2016 年 11 月，2017 年 1 月）

水坝河堤修建工程。华阳村不断地完善农村医疗卫生服务体系，建设了规范的乡村卫生室；同时，完善新型农村合作医疗保障制度，对贫困户难以负担的基本医疗自付费用给予补助；完善计划生育家庭优先优惠政策体系，建立农村计划生育家庭奖励扶助金和计划生育特别扶助金动态调整机制。在农村文化建设方面，充分发挥文化信息资源共享工程的作用，进一步加强对贫困地区群众的培训，完善农村文化活动室的设施设备，大力发掘乡土文化，并开展丰富多彩的文化活动。2016 年，华阳村利用石柱县发改委、县委组织部拨付的 3 万元、1 万元补助资金，新建了 600 平方米的村委篮球场，并维修了便民服务中心。

以华阳村"香水坝大院环境整治项目"为例，该项目建设地点在华阳村香树组，项目建设内容包括院坝硬化 184.8 立方米；外墙立面粉刷 700 平方米；院坝平场 1847.9 平方米；屋顶坐脊 575 米；房屋风檐板安装 348 米；房屋花边吊檐 256 米；檐头整修 243 米；房屋四周、脊梁翘角 98 个；庭院种植绿化桂花树 39 棵；铺设污水管网 100 米。该项目计划总投资 25.9 万元，全部来自财政扶贫

资金。该项目于 2015 年 11 月 1 日开工，2016 年 3 月 10
日完工。通过香水坝大院环境整治，项目区群众的人居环
境得到彻底改善，减少了疾病危害，以点带面推动了全乡
连片整治工程，并有利于助推乡村生态旅游的发展。

第二节　易地搬迁工程

确保到 2020 年全国 7000 余万农村贫困人口实现脱贫，
是全面建成小康社会最艰巨的任务，而对那些"一方水土
养不起一方人"的地方建档立卡的 1000 万贫困人口实施
易地扶贫搬迁，又是难中之难。

一　石柱县易地搬迁情况

近年来，石柱土家族自治县坚持"群众自愿、贫困优
先"原则，强力推进高山生态扶贫整体搬迁工作，取得了
明显成效，一批又一批居住在大山深处的贫困群众搬出了
大山，走上了致富路。在实施过程中，石柱县瞄准贫困人
口搬迁这块最难啃的"硬骨头"，从对象认定、实施程序、
安置方式、资金筹措、目标考核等方面作出明确规定，强
化搬迁"扶贫"宗旨和"精准"理念。坚持"以集中安置
为主，分散安置为辅"的原则，灵活运用进城购房、分散

自建、相对集中等多种安置方式，大力推进搬迁进度。同时，将后续产业发展与扶贫搬迁同步规划实施，整合相关项目资金向集中安置点倾斜，按照精准扶贫的要求，因地制宜、因户施策，尽量使每户搬迁户都有一份"菜园地"、一个增收项目。

早在 2015 年，石柱县为进一步加快推进高山生态扶贫搬迁工作，帮助贫困群众早日实现搬迁，就下发了《关于进一步加快推进高山生态扶贫搬迁工作的通知》，从多个角度阐述了如何推进搬迁工作。

（一）多种安置方式相结合实现搬迁

严格执行高山生态扶贫搬迁政策，精准识别搬迁对象。只要符合搬迁条件且自愿申请的全部纳入搬迁；凡自愿申请搬迁的建卡贫困户要实现应搬尽搬，提高贫困人口搬迁比例。各街道办事处、各乡镇人民政府对提出搬迁申请的农户要按照搬迁对象条件进行审核，县级主管部门在报账时予以复核。要进一步转变观念，结合各街道、各乡镇实际，以集中安置、进城入镇购房、自主建房和梯度转移等多种方式实现搬迁，鼓励搬迁户自主建房。新启动的集中居民点以农户联建和代建的方式建设，坚决杜绝先建房后买房的开发式居民点建设。已建的集中居民点完工的要尽快申请验收；未完工的居民点加快建设进度，确保农户搬迁入住。

（二）调整搬迁农户补助到户标准

根据《重庆市人民政府关于加快推进高山生态扶贫搬

迁工作的意见》（渝府发〔2013〕9号）精神，结合石柱县扶贫攻坚实际，严格执行差异化补助政策，在原有差异化补助标准基础上，提高直接补助到户标准，达到补助资金额度的80%。自主建房、进城入镇购房和梯度搬迁的普通搬迁户、建卡贫困户、低保户直接补助到户标准分别调高到5000元/人、10000元/人、12000元/人；集中居民点安置的分别提高到5000元/人、8000元/人、10000元/人。补助资金原则上乡镇内调剂平衡，建卡贫困户和低保户增加直接补助到户额度由市级贫困户差异化补助资金解决。2013年、2014年、2015年的建卡贫困户和低保户执行对应标准。各街道、各乡镇2013年3月1日后纳入的搬迁对象已兑现到户补助资金达不到现有标准按现有标准补差到户。

（三）简化程序，提高效率

一是留作集中居民点基础设施的补助资金主要用于居民点内的场平、堡坎、污水垃圾处理、道路、水、电、气等建设，基础设施项目审批可按项目实际逐项批复，实行分散验收和综合验收相结合，完工一个项目，各街道、各乡镇组织自验后申请审计，审结后项目主管部门验收，验收合格拨付该项目资金的90%，综合验收合格后拨付居民点基础设施剩余全部资金。二是利用高山生态扶贫搬迁补助到户剩余资金建设的基础设施项目，审批参照《石柱土家族自治县人民政府办公室关于对整村扶贫项目实行简化建设管理程序的通知》（石柱府办发〔2015〕127号）执行，进一步简化程序，提高效率。三是根据实际情况，对已经批复高山生态扶贫搬迁的实施方案中人员结构需要调整的，由项目实施单位提出申请，项目主管部门同意调整后，项目实施单位重新编制实施方案，报项目主管部门审批备案。集中居民点内基础设施确实无法实施调整的，由项目实施单位提出申请，项目主管部门现场核实同意后，项目实施单位重新编制实施方案，报项目主管部门审批后实施。

（四）加快启动深度贫困户搬迁工作

第一批深度贫困户 111 户 349 人已经村级初提，街道、乡镇调查，县级复核，并层层进行了公示，公示期无任何异议。县政府已印发了《石柱土家族自治县人民政府办公室关于明确高山生态扶贫搬迁深度贫困户搬迁对象的通知》（工作通知〔2015〕143 号），县级各对口帮扶部门要按通知明确的深度贫困户名单主动联系有关街道和乡镇，共同制定建房方案、落实资金并予以实施，确保 2015 年底完成进度达 50%，2016 年 8 月前全面竣工并搬迁入住。

（五）明确责任，各司其职

项目主管部门县发改委、县扶贫办、县林业局要加强项目审批和管理，督促项目实施单位加快建设进度；县财政局要简化拨款程序，既要提高拨付速度，又要保证资金安全，各街道、各乡镇所有资金必须经银行支付，杜绝现金支付，加强资金监管；县审计局要加强对高山生态扶贫搬迁资金使用情况的审计，在接到项目实施单位递交审计申请后 15 个工作日内出具审结报告；集中居民点必须进行地灾评估，县国土房管局要积极争取土地指标，满足集中居民点用地需求；各街道、各乡镇要积极作为，抢抓时间，加快推进任务建设和资金拨付进度，确保年底任务全部完成。

（六）责任追究

对工作不力、推进慢的街道和乡镇，县政府督查室要加大督查通报力度；对任务完成和资金拨付靠后的街道和乡镇，县监察局要加强行政效能监察，启动问责；对涉嫌套取冒领补助资金和挪为他用造成违法的，由纪检监察机关依法追究责任。

二　华阳村易地搬迁工程

华阳村涉及易地搬迁的居民基本上都生活在深沟、峡谷、山梁等不适宜生存的地方，并且农户居住分散、偏僻。基础设施方面，水、电、路等基础设施条件差，群众出入难；农业生产方面，产业结构单一，生产方式落后，经济收入低；生活方面，这些地方文化发展落后、信息闭塞，孩子上学困难，村民就医看病难，人口素质普遍低。分布在这些地区的群众在恶劣的自然环境条件限制下，难以摆脱贫困。为了彻底改变他们的居住生存环境，必须下决心实施高山生态扶贫搬迁项目，这是扶贫治本之举措。

在如此恶劣的生态环境中，需要迁出的农牧民急欲摆脱贫穷困扰，治穷致富的愿望十分迫切，加之先期高山生态扶贫搬迁工程的示范带动，移民情绪稳定，搬迁热情高，并将立志发扬自力更生、艰苦创业的精神，积极自筹资金，以饱满的热情建设新家园，创造新生活。

2015年12月，全国易地扶贫搬迁工作电视电话会议召开。李克强总理指出，易地扶贫搬迁是实施精准扶贫、精准脱贫的有力抓手，是全面建成小康社会、跨越中等收入陷阱的关键举措。各地区和相关部门要紧密结合新型城镇化和农业现代化，扎实推进这项工作。坚持尊重群众意愿，注重因地制宜，搞好科学规划。

2016年，华阳村有11户实施了易地扶贫搬迁工程，他们均已办理了规划证，其中有6户已完成工程，其余5户也已经动工搬迁；在建设方式上，9户采取自建方式，两户采取代建方式完成。

2016年，金铃乡重点贫困户有搬迁需求的共36户，其中华阳村11户48人，占全乡有搬迁需求总户数的

图3-4　华阳村易地扶贫搬迁效果

（华阳村提供）

30.56%，仅次于银杏村的 12 户。除此之外，响水村 4 户，石笋村 9 户。这 11 户贫困户目前均居住在全木结构的房屋中，此次易地搬迁享受搬迁政策后有能力搬迁的贫困户有 7 户 43 人，享受搬迁政策后无能力搬迁的贫困户有 3 户 8 人；这 10 户贫困户中，有一般贫困户 9 户，低保贫困户 1 户。2016 年，此 10 户贫困户均已开始易地搬迁工作，并完成了新房建设工程。

第三节　产业发展工程

贫困地区一直以来靠传统农业都没有解决温饱问题，救济式扶贫也不能解决根本问题，而产业扶贫可以使这些地方的贫困人群实现由"输血型"向"造血型"的转变。实践证明，产业扶贫是解决生存和发展的根本手段，是脱贫的必由之路。

一　石柱县产业扶贫情况

石柱县围绕扶贫攻坚大局，深入推进农业产业扶贫，切实加大投入、整合资源、强化到户，努力推动贫困农户如期整体越过扶贫标准线，制定了《关于集中力量开展精准扶贫限时打赢扶贫攻坚战的意见》（石柱委发〔2015〕

12号），该文件结合全县农业产业发展实际，提出了五大总体任务，并明确了20项具体工作措施，以确保产业发展，切实帮扶贫困户。同时，针对贫困户、贫困村和龙头企业给予了多项配套政策支持。

专栏3-1　石柱县产业精准扶贫配套政策

一　扶持贫困户的配套政策

（一）蔬菜产业

1.贫困户种植蔬菜，一年种植两茬及以上，按菜地面积补助300元/亩。

2.贫困户种植莼菜，新（开垦）栽植田块当年按500元/亩补助，残次莼菜田复耕复管当年补助300元/亩，持续规模管理莼菜田块（田间无病、虫、草害）的每年补助100元/亩。

（二）水果产业

3.贫困户发展水果产业，集中成片规范化新建，采用一级苗、成活率达90%以上，按300元/亩补助。

4.贫困户已建成集中成片果园，实现持续规范化栽管的，按100元/亩补助。

（三）渔业产业

5.贫困户养殖常规品种0.5亩以上，每亩补助800元。

6.贫困户发展石蛙养殖0.1亩以上的，按建池面积每亩补1万元的基础设施建设费用，每年每亩补助1万元苗种费用。

7.贫困户流转土地发展渔业，并签订土地流转合同的，按每亩每年 300 元的标准给予土地流转补助。

（四）粮油产业

8. 贫困户种植粮油作物的，每亩补助 100 元。

（五）烤烟产业

9. 种烟乡镇、村凡有意愿种植烤烟的贫困户优先满足其种植计划。

10. 凡登记在册的贫困户，按签订的烤烟合同面积，每亩补助资金 330 元（包含地膜、农药、肥料等生产物资）。

11. 在烟叶收购环节，补贴贫困户上等烟 0.2 元 / 斤、中等烟 0.1 元 / 斤。

12. 贫困户将土地流转给种烟大户并在各乡镇农服中心备案的，除享受政府补贴的土地流转费外，另给予每亩 100 元补贴（其中贫困户享受 70 元、大户享受 30 元）。

（六）辣椒产业

13. 贫困户种植辣椒的，每亩补资金 260 元（包含种子、肥料、农药、地膜等生产物资）。贫困户标准化种植并验收合格的，辣椒合作社再给予每亩增补 90 元。

14. 贫困户种植辣椒，政府按每亩 40 元标准补贴商业保险。

15. 贫困户将土地流转给大户并在各乡镇农服中心备案的，除享受政府补贴的土地流转费外，另给予每亩 100 元补贴（其中贫困户享受 70 元、大户享受 30 元）。

（七）中药材产业

16. 贫困户种植中药材（除黄连外）的给予每亩补助

资金 300 元（包含种子、种苗、肥料、农药等生产物资）。

17. 贫困户当年新种植黄连的，无偿供应水泥桩每亩144 根、生石灰每亩 150 公斤。

18. 贫困户将土地流转给大户并在各乡镇农服中心备案的，除享受政府补贴的土地流转费外，另给予每亩 100元补贴（其中贫困户享受 70 元、大户享受 30 元）。

（八）林业产业

19. 支持贫困农户发展特色经果林产业，每个贫困户发展经果林达 5 亩及以上的，免费提供种苗。

20. 符合退耕还林政策要求的贫困户，本着申报多少安排多少的原则，优先满足贫困户退耕还林需求，退耕还林国家每亩现金补助 1200 元，分 3 次直补兑现到退耕还林农户，第 1 年 500 元、第 3 年 300 元、第 5 年 400 元。新一轮退耕还林重点支持核桃产业发展，对贫困村利用退耕还林发展核桃产业的一次性补助 500 元/亩（其他树种按 300 元/亩）补助种苗。

21. 支持贫困农户发展花卉苗木产业，对贫困户建立苗圃基地的，放宽准入条件。

22. 对开展林下野生动物驯养繁殖和珍稀树种培育的贫困户，放宽许可条件，免费提供技术、信息服务。

23. 贫困户自主开展造林达 1 亩以上的，纳入中央造林补贴项目，给予 100 元/亩的一次性补助。

24. 2015~2017 年，对开展封山育林的贫困户，按照200 元/亩的标准给予一次性补助。

25. 贫困户创办家庭林场的，放宽准入条件，并同等享受家庭农场补助政策。

26. 对有责任心的贫困户优先聘用为护林员。

27. 对符合"森林人家"政策条件，发展"森林人家"项目的贫困户，优先申报市上享受一次性5万元/户补助。

28. 对符合条件申报林业项目贷款贴息的贫困户，优先推荐申报贷款贴息。

29. 为贫困户林权抵押贷款提供政策指导，并简化贫困户林权抵押贷款申请、审批、登记流程。

30. 现代农业生产设施使用林地，简化审批手续。

31. 对贫困户免费提供林业生产技术指导服务。

32. 严格执行市级及以上林业产业扶贫政策。

（九）畜牧产业

33. 精准贫困户在县内有种场资质的畜牧龙头企业引换种的，给予扶持补助，即肉兔80元/只、长毛兔80元/只、出壳鸡苗0.35元/羽、脱温鸡苗1.0元/羽。以上均在引换种售价中抵扣补助。

34. 凡贫困户养殖中蜂，当年新增1群以上的，凭种场发票给予每群300元的补助，并对所有养蜂贫困户优先给予养蜂技术培训和指导。

35. 精准贫困户，每户养殖门槛（单位）：肉牛1头起算，生猪、羊2头起算，长毛兔、肉兔、肉鸡、蛋鸡、鸭、鹅10只起算，特种养殖20头（只、羽、条、组）起算。按照每个门槛单位补助200元，梯级递增核算补助，每户当年享受补助不超过800元。

（十）乡村旅游业

36. 在"一区、两线、三点、十品牌"区域内的贫困户，鼓励发展乡村旅游，完成"接待户 11 有"标准建设的贫困户，最高可以享受 3 万元 / 户的补助。

（十一）农机推广

37. 贫困户在县内新购买机插秧育秧软盘的县级再补贴 0.25 元 / 张。

38. 贫困户在县内开展机插秧有偿作业服务的作业机手按 10 元 / 亩的标准给予补助。

39. 贫困户在县内新购买插秧机和黄连大型烘干机，稻麦收割机县级再补贴给购机者 200 元 / 台，其他农机购置补贴机具县级再补贴给购机者 50 元 / 台。

二 对贫困村的扶持政策

40. 对种烟的贫困村优先满足烟路、烟地整治、烤房整修等基础设施建设。

41. 贫困村创建辣椒专业村，其验收按面积标准规模的 80% 执行。

42. 辣椒科技特派员定向指导贫困村。

43. 贫困村创建中药材种植专业村，其验收按面积标准规模的 80% 执行。

44. 贫困村申报市级绿色新村，申报成功后补助资金 60 万元。

45. 贫困村创建规模养殖园，其验收按标准规模的 80% 执行，同时两个贫困户作为一个规模大户看待，其村内规模大户总数减按标准数量的 50% 执行。

三　对龙头企业（包括专业合作社）在贫困村发展产业的扶持政策

46. 鼓励专业合作社、龙头企业与贫困户签订中药材种植合同，在保证收完收尽后，给予每亩补助50元。

47. 鼓励社会资本参与生态建设，社会资本参与低效林改造、荒山荒地和迹地造林，在符合规划和用途管制的前提下，按照改造面积的3%和造林面积的3%用于林业配套设施建设。

48. 积极引导种鸡场，支持参与扶贫攻坚工作，公司采取统一供种、统一技术指导服务、统一防疫、统一保护价回收的"四统一"模式扶持精准贫困户发展土鸡产业，助推畜牧产业扶贫，同时建立订单收购风险机制。

49. 产业业主雇请贫困户务工达到10人以上，且贫困户劳务收入占业主劳务支出的30%及以上的，优先申报产业项目。

50. 支持农业企业到贫困村发展三次产业融合休闲农业观光项目。

二　华阳村产业发展工程

华阳村主要发展花椒、漆树产业。这个产业的确定是基于《关于下达2015年整村扶贫资金计划的通知》（石扶办〔2015〕212号）精神。为尽快使华阳村主导产业基本形成，实现"一村一品"，全面解决群众"八难"，实现行政村"八有"的总体工作目标，结合华阳村实际情况，按照"民主、公开、公平、公正"的原则，经金玲乡党委、政府和华阳村两委共同决定，在全村范围内种植花椒、漆树。该项目依托石柱土家族自治县金铃乡金花漆专业经济技术协会，根据相关规划，种植花椒 500 亩、漆树 1000 亩，总投资 50 万元，主要来自国家财政扶贫资金。

华阳村产业发展分布情况见表 3-3。从中可以看出，华阳村有 87 户种植漆树，种植规模为 1100 亩；种植花椒和洋姜的均为 48 户，种植规模分别为 500 亩和 142 亩。但是，由于花椒、漆树产业生产周期较长，短期内还没有产生明显的经济效益。

第四节 教育培训工程

一 教育扶贫政策

为全面落实石柱县委、县政府《关于集中力量开展精准扶贫限时打赢扶贫攻坚战的意见》（石柱委发〔2015〕12 号），切实解决贫困家庭子女入学问题，确保 2017 年完成教育扶贫建设任务，不断提高教育扶贫能力，2015 年，石柱县就已经印发《关于认真落实教育扶

表3-3 华阳村产业发展情况

单位：户，亩

	花椒				漆树				洋姜			
	种植户数		种植规模		种植户数		种植规模		种植户数		种植规模	
	贫困	非贫困	贫困	非贫困	贫困	非贫困	贫困	非贫困	贫困	非贫困	贫困	非贫困
香树	1	4	1	12	5	6	70	116	1	10	2	21
川洞	2	6	7	0	10	19	139	298	5	8	24	21
茶园	3	16	36	0	5	16	38	177	1	10	2	30
庄坡	4	12	26	0	5	21	56	206	3	10	15	27
合计	48		500		87		1100		48		142	

资料来源：《金铃乡华阳村建卡贫困户产业发展情况统计表》。

贫工作的实施意见》。要求石柱县全面贯彻落实习近平总书记系列重要讲话精神和关于扶贫开发战略思想，按照"扶贫先扶智、彻底斩断贫困链条"的总体思路，深入推进教育精准扶贫工作。切实抓好教育扶贫消除代际贫困，保障贫困家庭子女平等接受教育，提高农村贫困人口基本素质和自我发展能力，加快贫困农户脱贫致富步伐，充分发挥教育强民、技能富民、资助惠民的作用。建立上下联动、多部门合力推进的教育扶贫机制，从根本上消除贫困。

在工作目标的选定上，由于石柱县截至 2015 年 9 月底，共有各类贫困学生 14344 人，其中建卡贫困学生 13004 人，低保贫困学生 1340 人。从 2015 年 9 月起，按照定人定向的帮扶原则，对全县贫困家庭学生进行帮扶，形成长效帮扶机制。从入幼儿园开始全程追踪到完成高中、中职教育，实行减免学费、住宿费，补生活费和培训费等政策，对考取和就读高等教育学校的贫困家庭子女，按奖、贷、助、减、补等政策给予全方位资助。确保贫困家庭学生不因贫困失学，确保到 2017 年实现以下目标：适龄儿童入学率达 100%，贫困户家庭适龄子女义务教育阶段不因贫困辍学；"两后生"接受职业教育比例达 80%以上；高中阶段入学率达 80% 以上；考上高等教育学校的子女顺利完成学业。

在政策帮扶上，首先，支持贫困村发展教育。优化调整贫困村学校布局规划。以加快发展贫困村学前教育为目标，切实做好学前教育规划。根据贫困村的自然环境、适龄人口分布等情况，按照"政府主导、社会参与、公办民办并举"的原则，优先支持贫困村利用闲置校舍改建幼儿园、村小增设附属幼儿班。以提高贫困村义务教育水平为目标，切实做好义务教育规划。按照保障义务教育学生就近入学的原则，加强贫困村学校布局调整，严控贫困村校点撤并，保留或设置必要的农村教学点，加大寄宿制学校建设力度，解决偏远山区孩子入学难问题，努力实现义务教育均衡发展。同时，改善贫困村学校基础设施条件。在实施学前教育三年行动计划、全面改善贫困地区义务教育薄弱学校基本办学条件、义务教育学校标准化建设、农村中小学校舍维修改造、义务教育信息化建设等项目时，优先安排改善贫困村学校的基本办学条件。对128所农村薄弱学校进行改造，2016年起，校舍维修改造补助测算标准提高到900元/平方；对22个贫困村小学房屋进行整修改造，新建贫困村小学食堂4所；新建寄宿制学校14所，按照寄宿生每生每年200元的标准增加安排公用经费；优先支持贫困村学校建设教师周转房，加快解决贫困村教师住房困难问题。加强对贫困村学校管理和校园文化建设的工作指导，加快贫困村教育信息化建设，基本实现贫困村学校高速宽带接入。此外，加强贫困村学校师资队伍建设。实施"免费师范生计划"、农村小学"全科教师"培养计划，有针对性地培养招录农村小学教师。全面推进校长教师交流轮岗工作，鼓励优秀校长教师到贫困村任教。加大贫困村学校"特岗"教师补充力度，通过到贫困村学校支教、走教等形式，重点解决贫困村学校音乐、体育、美术及心理健康教育等学科教师缺乏问题。对在贫困村学校和教学点工作的教师给予生活补助，在评聘高级职务和评先评优时，有在贫困村学校任教经历的教师优先。

其次，加大贫困生资助力度。在学前教育阶段，对符合入园年龄，在经县教委审批设立的公办幼儿园及普惠性的民办幼儿园就读的建卡贫困户儿童、烈士子女、孤儿和残疾儿童予以资助，每年每生免保教费480~1500元（按实际情况交多少补多少，最高额1500元），补助生活费660元。实现贫困村建卡贫困户儿童应助尽助。同时，对家庭特别困难的学前儿童，酌情减免保教费。在义务教育阶段，实行划片招生，就近入学。残疾儿童进入县特殊教育学校就读或随班就读。落实义务教育阶段"两免一补"政策，对义务教育阶段建卡贫困户和家庭经济困难寄宿生给予生活补助，初中每生每学期625元、小学每生每学期500元。落实好农村义务教育学生营养改善计划，按学生在校期间每生每天4元标准实施补助，全年按200天计算，每生每年补助800元，惠及所有农村义务教育阶段学生。在普通高中教育阶段，落实普通高中国家助学金政策。采取上级资金补助加地方配套的方式，对普通高中在校具有石柱县正式学籍的建卡贫困户学生按每生每年1600元和2500元两个档次资助。城乡低保家庭普通高中学生按渝办发〔2009〕216号文件继续享受免学费政策。免除石柱县户籍农村建卡贫困户家庭中就读公办普通高中学生的学费（已纳入城乡低保家庭普通高中免学费和其他渠道免学费的学生除外）。市级财政按照每生每年 800 元的标准补助区县，学校按照当地物价部门核定的公办普通高中学费标准免收学费，不足部分由县财政承担。本政策从 2015 年秋季学期开始实施。在中等职业教育阶段，实施中等职业教育免学费和国家助学金政策。凡在石柱县就读的具有正式学籍的中等职业教育学生，每年每生补助生活费 2000 元；对公办中职学校一、二、三年级学生给予免学费资助；建档立卡贫困户子女、低保户子女就读中职学校，在减免学费、补助生活费的基础上，按照现资助程序，资助住宿费每生每年 500 元。原则上每个学生只享受一次资助，不得重复享受。在高等教育阶段，凡户籍在石柱县的贫困大学生，可申请生源地信用助学贷款，每年每生最高额可贷款 8000 元。参加当年全国普通高校招生统一考试报名的重庆户籍的零就业、农村建卡贫困户、城乡低保家庭高中贫困毕业生可申请定向高校培养，毕业后到重庆市定向的 18 个国家和市级贫困区县农村小学、乡镇医院就业（免学费）。凡户籍在石柱县并在石柱县初、高中阶段就读六年及以上，并符合当年市普通高校招生统一考试报名条件的高中阶段毕业生可报考定向专项计划中的高校（贫困区县外就读或补习考生除外）。专项计划毕业后回贫困区县就业、创业和服务的，按规定享受学费补偿和国家助学贷款代偿等优惠。凡户籍在石柱县，并在县内中学就读参加高考并被国家正式批设的全日制普通高校正式录取（含高职，不含军校生、国防生、免费师范生）经政府救助仍十分困难的城乡低保户子女、建卡贫困户子女、三峡移民困难家庭子女、孤儿，或父母一方亡故子女或有两个以上子女在读大学的家庭、父母或本人为一至四级残废、遭受重大灾害，因本人或直系亲属患重大疾病花费巨额医疗费用（自费五万元以上）等家庭经济困难的新生，可以向石柱县贫困大学生救助工作领导小组办公室申请 500 元至 5000 元不等的资助。确保所有考入高等院校的贫困大学新生都能顺利入学、安心上学。

同时，石柱县积极实施"农村留守儿童帮贫助困专项行动计划"。不定期开展农村留守儿童义卖募捐公益活动，为贫困留守儿童持续提供生活、学习资助，争取持续资100 名贫困村留守儿童。开展寒暑假贫困农村留守儿童大家访、大慰问活动，组织任课教师、"红樱桃妈妈"等深入贫困儿童的家庭开展学业辅导和心理疏导，解决贫困留守儿童生活和学习困难。

最后，在开展新型职业农民培养方面，石柱县依托职教中心定向培养、社区教育送教到家等形式开展新型职业农民培养，培训对象主要是 50 岁以下，初中毕业以上学历，主要从事农业林业生产、经营、服务和农村社会事业发展等领域工作的务农农民以及农村新增劳动力。引导和鼓励农业龙头企业与贫困农户联手实施子女委托培养计划。支持农业龙头企业等优先聘用贫困家庭毕业生，对实现稳定就业的企业，给予一定补助。

二　教育资助项目

按照党的十八大提出的基本公共服务均等化，总体实现和进入人力资源强国行列的目标，加快片区教育发展和人力资源开发，到 2020 年，使片区基本公共教育服务水平接近全国平均水平，教育对促进片区人民群众脱贫致富、扩大中等收入群体、促进区域经济社会发展和生态文明建设的作用得到充分发挥。教育扶贫是阻断贫困代际传递的根本手段和重要方式，其目的是通过办好贫困地区和贫困人口的教育事业进而实现减贫脱贫的战略目标，其本质体现了社会公平正义的价值追求。[①]

华阳村目前没有中小学，小学生和初中生只能到金玲乡政府所在地或邻近乡镇就学，每年考入高校的学生数量不超过 5 人。教育资源分配不均，以及山区教育设施、教育方式的落后，导致了山区学生的学习水平普遍较低，再加上山区多数劳动力外出务工，孩子留守家中，与祖辈生活在一起，难以得到有效的学习辅导，从而导致了不愿意学习、不好好学习的情况，大部分学生初中毕业即外出务工，贴补家用，但荒废了学业。在调研过程中，与几个小学生进行交流，问他们长大之后做什么，大多数孩子长大后想做老板、当演员或者外出打工，几乎没有一个孩子长大后愿意当科学家。

华阳村积极改善教育环境，认真贯彻落实石柱县提出

---

① 李兴洲:《公平正义：教育扶贫的价值追求》,《教育研究》2017 年第 3 期。

的相关政策措施。例如，学前儿童每个学生每年免保教费480~1500元，并补助生活费660元；寄宿补助初中生每个学生每学期625元、小学生每个学生每学期5000元生活费；普通高中学生免除学费，每年资助1600~2500元；中等职业学生免除学费，资助住宿费5000元，每年补助一、二年级学生生活费2000元；大学贫困生可申请助学贷款8000元，新生可申请500~5000元资助。调研中发现，有1户贫困户，父母离异，加之父亲无劳动能力，家庭经济较为困难。其子于2016年考入大学，享受教育资助5000元，减轻了家庭负担，也圆了其大学梦，教育资助效果显著。

三 实用技术培训

"三农"问题的核心是农民问题，具体表现在农民的收入低、增收难、素质低，城乡居民收入差距大，贫富差距大。要想提高农民的收入，就要切实提高农民的科学文化水平，市场经济水平和思想道德水平。在科学文化水平环节上，其最直接的表现就是农业实用技术的掌握和应用。对农民进行培训是最有效的切入点，农民是农村经济发展的主力军，农民的素质特别是科技素质是农村发展的关键因素。大力开展农业实用技术培训、提高农民科技素质，使之与农业和农村经济的发展相适应，是农业发展的迫切要求。

根据华阳村实际情况，不断完善雨露计划，扩大政府资助农村贫困家庭子女就读中等职业学校的覆盖面，实现

"应读尽读"，并且依托县职教中心，不断创新培训方式、扩大拓展培训范围，加强各级技术人员和农民群众的技术培训。围绕产业集群，建设综合性实训基地和重点实习基地，实施"农民工技能就业计划"。2015年，县扶贫办资助3万元用于实用技术培训。

2015年华阳村"两后生"接受职业教育的情况如表3-4所示。所谓"两后生"，是指初、高中毕业后未能继续升学的贫困家庭中的富余劳动力。该年度共有4名"两后生"接受涪陵信息技术学校、黔江职业技术学校和涪陵计算机学校的汽修和数控专业教育，为其脱贫致富提供了技术保障。

表3-4   2015年华阳村"两后生"接受职业教育情况

组别	年龄	职业教育学校名称	职业教育入学时间	职业教育专业
川洞组	20	涪陵信息技术学校	2013 年	汽修
香树组	21	黔江职业技术学校	2013 年	汽修
庄坡组	19	涪陵计算机学校	2013 年	数控
庄坡组	19	涪陵计算机学校	2013 年	数控

资料来源：《华阳村2015年"两后生"接受职业教育花名册》。

2017年，华阳村培训计划增加，共有9户参加"1+电子商务人才培训"、"4+雨露计划厨师培训"、"6+建筑施工员"、"11+农家乐培训"和"6+烹饪技术培训"。这些技术培训既实用，又为其提供了技术支持，提高了技能水平，增加了其走出山区、到外地谋生的机会，有效地实现贫困户的脱贫。

表 3-5   2017 年华阳村接受培训情况

村民小组	培训项目
川洞组	1+ 电子商务人才培训
川洞组	4+ 雨露计划厨师培训
川洞组	4+ 雨露计划厨师培训
茶园组	4+ 雨露计划厨师培训
川洞组	4+ 雨露计划厨师培训
川洞组	4+ 雨露计划厨师培训
茶园组	6+ 建筑施工员
茶园组	11+ 农家乐培训
川洞组	6+ 烹饪技术培训

资料来源：《2017 年华阳村培训花名册》。

第四章

华阳村精准扶贫精准脱贫两大模式

第一节　高山生态扶贫搬迁模式

一　高山生态扶贫搬迁的内涵

　　当前，我国扶贫开发已进入啃硬骨头、攻坚拔寨的冲刺期，剩余的贫困人口贫困程度较深，特别是一些地方生态环境脆弱，减贫成本高、脱贫难度大。《中共中央国务院关于打赢脱贫攻坚战的决定》指出，把生态保护放在优先位置，扶贫开发不能以牺牲生态为代价，探索生态脱贫新路子，让贫困人口从生态建设与修复中得到更多实惠。贯彻落实中央精神，必须创新生态扶贫的思路和办法，让贫困地区尽快实现"穷貌"换"新颜"。对于居住在生存条件恶劣、生态环境脆弱、自然灾害频发地区的贫困人口，应实施易地扶贫搬迁，帮扶移民挪穷窝。应因地制宜选择搬迁安置方式，特别是注重完善搬迁后的扶持措施。

实施高山生态扶贫搬迁是贫困人口摆脱贫困的有效措施，是改善区域生态环境的好抓手，是提高扶贫开发效率的好途径，是建设新农村、推进城乡一体化发展的好举措，各级党政主要领导要把高山生态扶贫搬迁工作作为一项重要政治任务，切实抓紧抓好。

二 石柱县生态扶贫搬迁政策

重庆集大城市、大农村、大山区、大库区及民族地区于一体，渝东北、渝东南地处秦巴山区和武陵山区，喀斯特地貌分布较广，大部分贫困群众还生活在海拔 1000 米左右的高寒边远山区、深山陡坡区和石山区、地质灾害频繁区和煤矿采空区，生产生活环境极为恶劣。[①] 为转变扶贫开发方式，促进贫困人口走上自我发展、脱贫致富路子，重庆市将高山生态扶贫搬迁作为集中力量解决突出贫困问题的头等大事和 22 件民生实事之首。2015 年，重庆市扶贫办获悉，为改善贫困落后地区农民生存面貌和发展环境，在 3 年时间内，重庆市将实施差异化扶持政策，完成 30 万高山群众生态扶贫搬迁。

近年来，石柱县积极探索实施高山生态扶贫搬迁，边

① 刘戈新：《重庆深入推进高山生态扶贫搬迁》，《中国扶贫》2015 年第 8 期。

远贫困地区人口数量大幅减少，促进一大批贫困人口走上了自我发展、脱贫致富的路子。实践证明，实施高山生态扶贫搬迁有利于改善贫困群众生产生活条件，着力提高生活质量；有利于降低扶贫成本，着力提高扶贫综合效益；有利于保护生态环境，着力促进贫困地区经济可持续发展；有利于促进人力资本、土地资源要素科学合理流动，着力提高扶贫开发效率；有利于城乡统筹发展，着力助推工业化、信息化、城镇化、农业现代化深度融合。但目前石柱县仍有相当一批农村贫困人口分布在自然条件恶劣、地理条件复杂、耕地和水源等资源矛盾突出的高寒边远山区，行路难、饮水难、信息闭塞、教育落后，群众正常的生产生活和经济发展受到严重制约。各级各部门要认真贯彻落实党的十八大、市第四次党代会及市委四届二次全委会精神，围绕"科学发展、富民兴石"总任务，以转变扶贫开发方式为主线，抓住国家实施西部大开发、武陵山片区区域发展与扶贫攻坚等重要战略机遇，统筹规划，精心实施，大力推进贫困群众搬迁安置，早日从根本上摆脱恶劣自然条件对生存和发展的约束，积极推动石柱县加快全面建成小康社会步伐。

石柱县坚持政府引导、群众主体。通过统筹规划、政策扶持、基础配套，有效组织和引导高山生态扶贫搬迁。贫困群众是实施高山生态扶贫搬迁的主体，要充分了解民意、尊重群众意愿，坚持群众自愿选择是否搬迁、自愿选择安置方式、自愿选择是否将搬迁后节约的宅基地及附属设施用地用于复垦和地票交易，引导群众自力更生、主动搬迁。坚持因地制宜、因户施策。综合考虑搬迁群众的生存环境、自然条件、经济承受能力、劳动技能和生产生活习惯，合理确定搬迁对象和安置方案，不允许搬富不搬穷等情况发生。对搬迁户逐户规划，分户分类选择适宜的安置方式、制定可行的筹资办法和差别化的补助标准，量力而行、尽力而为。坚持改革创新、盘活资源。充分释放改革的"红利"，有效盘活土地、生态、旅游、园区等资源，通过地票交易、"三权"抵押、流转经营、参股分红等办法，解决贫困群众搬迁筹资建房、就业创业、后续发展等问题，确保"搬得出、稳得住、逐步能致富"。坚持集中投入、合力攻坚。加强组织协调，整合有关行业和部门的力量，动员社会参与，形成齐抓共管的工作合力，确保各项政策落实，促进高山生态扶贫搬迁顺利开展。整合易地扶贫、生态搬迁、扶贫专项、农村危旧房改造等资金，统筹兼顾园区建设、城镇发展、新农村建设等，协调推进高山生态扶贫搬迁。

石柱县计划从 2013 年至 2017 年，全县完成高山生态扶贫搬迁 3.3 万人，分 3 年下达计划并启动实施，2017 年基本完成阶段性任务。其中，2013 年启动搬迁 1.3 万人，2014 年启动搬迁 1 万人，2015 年启动搬迁 1 万人。在实际工作中，根据资金筹措、任务完成、群众积极性等情况，对各乡镇年度任务做适当调整。在推进实施高山生态扶贫搬迁的工作中，其按照"摸底调查、明确对象、规划选址、方案报批、组织实施、竣工验收"的步骤实施高山生态扶贫搬迁工作。

（1）摸底调查。由县高山生态扶贫搬迁工作领导小组办公室统筹，县发改委、县扶贫办、县城乡建委、县林业局加强分类指导，各乡镇负责组织实施，对符合高山生态扶贫搬迁条件的对象进行逐村逐户调查，摸清有搬迁意愿农户的家庭人口、就业、收入来源等状况，掌握其对搬迁安置、就业意向、土地调整、产业发展等情况的打算，逐户登记建卡，建立搬迁需求人口数据库，作为规划编制和项目实施的重要依据，为有序推进全县高山生态扶贫搬迁工作奠定坚实基础。

（2）明确对象。按照规划和指导性计划，本着"坚持群众自愿、贫困群众优先"原则，从摸底调查的符合条件人群中选择确定拟搬迁对象。搬迁对象必须落实到人，建立规划搬迁人员名册，并予以公示。年度计划实施的搬迁对象必须首先从规划人员名册中选取，若原规划搬迁人口不愿或不再实施搬迁的，再从搬迁需求人口数据库中选取替换。鼓励和支持自然条件特别恶劣的村、组、院落实施整体搬迁。

（3）规划选址。本着统筹规划、优化布局、节省投资、集约用地、相对集中、规模适度的原则，科学规划高山生态扶贫搬迁安置点。安置点选址要符合土地利用总体规划和城乡总体规划，严禁占用基本农田，尽量依托现有水、电、路等基础设施，综合考虑新农村建设、生产耕作、产业布局、区位条件、地质条件等因素，以城镇郊区、产业园区、景区周边、农村集镇为重点，统筹规划建设安置点生产生活配套设施，避免基础设施重复投资和资源浪费，避让重大地质灾害影响。安置点规划要集中体现土家民居、巴渝新居特色，可根据搬迁对象的经济承受能力、产业发展需求等因素分类设计面积不同、户型有异的户型图样，规划和设计要征求群众意见。同一个安置点在规划、风貌、建设上实行"三统一"。近三年内县里将选择基础条件较好、规划面积较大、群众积极性较高的区域，集中打造2~3个县级农村集中安置示范点，充分发挥典型引路、示范带动作用，各乡镇政府要按照规划要求适量推进集中安置点建设。

（4）方案报批。由县高山生态扶贫搬迁办会同县发改委、县扶贫办、县城乡建委、县林业局编制全县高山生态扶贫搬迁三年规划和年度实施方案，按照市级主管部门的要求上报审批。经市级批准后，由县发改委、县扶贫办、县城乡建委会同县财政局分别下达年度建设计划。项目乡镇要依据县上下达的年度计划编制年度实施方案，年度实施方案应对每个集中安置区逐一拟制建设详规，并根据安置区规划，围绕安置房、生产设施、生活设施、公共服务设施、后续扶持、生态修复等建设内容策划形成具体项目，系统制定资金筹措方案，明确补助标准。年度实施方案须经项目乡镇政府主要领导审定后，报送县高山生态扶贫搬迁办及县级相关部门。县高山生态扶贫搬迁办要及时会同县发改委、县扶贫办、县城乡建委、县林业局、县财政局等单位审批。

（5）组织实施。经县上审定批复的项目，各项目乡镇要及时启动建设，认真做好项目质量、安全、进度管理等工作，县发改委、县扶贫办、县城乡建委、县林业局等行业主管部门，要根据项目资金来源，负责各类项目的建设指导和监督管理工作。

（6）竣工验收。项目完工后，由项目法人负责工程自查验收，县级行业主管部门负责专项工程验收，县高山生态扶贫搬迁办会同相关部门进行综合验收。

三　华阳村生态扶贫模式

高山生态扶贫搬迁主要指扶贫搬迁、生态搬迁、易地搬迁以及农村 D 级危房改造。实践证明，高山生态扶贫搬迁在贫困地区的脱贫致富中发挥了重要作用。根据重庆市发改委、重庆市财政局《关于下达 2016 年易地扶贫搬迁工程中央预算内投资计划的通知》（渝发改投〔2016〕522号）的要求，石柱土家族自治县在 2016 年共下达易地扶贫搬迁工程中央预算内投资 1184 万元。其中，建档立卡贫困户人口搬迁中央预算内投资按 8000 元 / 人给予补助，市扶贫办专项资金按 2000 元 / 人给予差异化补助（渝扶贫办发〔2015〕168 号文件），全部用于搬迁 2016 年有关乡镇（街道）建档立卡贫困户中重点贫困人口 1480 人。《石柱土家族自治县发展和改革委员会关于转下达易地扶贫搬迁工程2016 年中央预算内投资计划的通知》中明确要求，此次安排的中央预算内资金，用于建档立卡贫困户中重点贫困人口住房建设。该资金不得用于生产经营中的设备购置、运输工具、加工项目、蔬菜大棚等建设项目，以及土地和房屋的征用补偿费。同时，要加强项目和资金使用管理。严格按照上报方案的建设地点、建设内容、建设规模组织实施。未经原批准机关同意，不得调整。严格执行"报账制"管理，强化项目和资金使用管理，确保工程建设质量和资金使用安全，提高资金使用效益。

2016 年，率先启动新识别建档立卡贫困户中的重点贫困户易地扶贫搬迁，其中包括享受易地扶贫搬迁中央预算内投资补助政策和市财政对建档立卡贫困人口差异化补助政策后，家庭人员中有重病、残疾、遭遇重大事故、主劳动力缺失导致经济特别困难无能力建房需兜底搬迁的重点贫困户。搬迁对象认定程序，是在前次核查摸底清理有意愿搬迁的重点贫困户的基础上，再次严格执行"三步两公示一公告"程序，即村级初提、公示、乡镇（街道）调查、公示、县级复核、公告。

建房标准规定如下：家庭人口规模为 1~2 人的贫困户，可建房屋建筑面积不超过 50 平方米，另可搭建不超过 10 平方米的猪舍、厕所等附属设施；家庭人口规模为 3 人及以上的贫困户，可建房屋建筑面积不超过人均 25 平方米，另可搭建不超过 10 平方米的猪舍、厕所等附属设施。对于那些自主修建住房，且房屋结构为砖混结构的贫困户，所建厕所需按"农村无害化卫生厕所"标准执行。

生态扶贫搬迁坚持如下原则。一是坚持扶贫与生态建设相结合的原则。努力实现减少贫困人口和改善生态环境的双重目标；二是坚持政府引导、群众自愿的原则。在组织实施过程中，自始至终强调群众自愿，做好思想动员工作，严禁强迫命令；三是坚持统筹安排、政策保障的原则。高山生态扶贫搬迁涉及经济、社会、户籍、土地、民族等多方面问题，政策性强、操作复杂，需针对具体问题及时制定相关政策；四是坚持就业为本、农业安置的原则。先就业，后搬迁，搞好迁入地的基础设施和各项社会事业；五是坚持因地制宜、讲求实效的原则。采取分散安置，自主建设；六是坚持量力而行、循序渐进的原则。根据实际情况有计划、有组织、分阶段逐步推行。

四 华阳村生态扶贫效果

为积极推进高山生态扶贫搬迁，华阳村高山生态扶贫搬迁充分体现了扶贫与生态建设相结合的原则，努力实现减少贫困人口和改善生态环境的双重目标，并突出了五大基本原则，使群众在迁入地能够较好地自我发展，确保安置群众能够"搬得出、稳得住、促发展、逐步能致富"。

华阳村生态搬迁安置的对象主要来自川洞组、茶园组，共计 20 户 75 人。在基础设施建设方面，硬化街道 1 公里，新建下水管网 1200 米，绿化树种 200 株；在房屋及附属设施建设方面，新建房屋及附属设施 2000 平方米。在搬迁移民的生活安置方式方面，采取以农业种养殖为主，外出务工为辅，经济收入主要靠种养殖、经营第三产业或外出务工。

通过高山生态扶贫搬迁项目的实施，国家投入华阳村财政扶贫资金 60 万元，户均投入扶贫资金 3.2 万元，人均投入 0.8 万元，群众筹劳筹资 50 万元，让贫困户真正得到实惠，使该村居住在穷山深谷中的 20 户 75 人告别了穷山恶水的生产生活环境，走上脱贫致富道路，进而使该村减少建档立卡贫困户 10 户，减少贫困人口 48 人，并取得了明显的经济、社会和生态效益。一是贫困户人居环境条件明显改善，生活质量明显提高。二是农民自我发展能力进一步增强。结合新农村"千百工程"建设，并通过劳务输出、经商、运输等多种途径促使搬迁农户实现增收致富，有效地推进新农村建设，促进农村第二、三产业发展。三是生态效益明显。农户实施易地搬迁后，每户每年可减少砍伐森林约 2 立方米，有效地保护了森林资源。

实施生态扶贫搬迁需要有力的政策支持。2015 年 11 月 10 日，石柱土家族自治县人民政府办公室印发了《关于进一步加快推进高山生态扶贫搬迁工作的通知》(石柱府办发〔2015〕134 号)，强调了石柱县推进高山生态扶贫的思路。首先，获取资金补助政策，凡属于搬迁对象且已列入计划的具有本村农业户口以及 2013 年 8 月户改形成的非农业户，均按照 8000 元 / 人标准进行补助。其次，在土地政策方面，县国土局负责国土整治(改造河滩地、复垦废弃地、水毁地)，将新增土地面积用于解决部分移民搬迁中的宅基地和生产发展用地问题，并在国家土地政策允许范围内，制定土地流转、置换的具体政策和办法。再次，在退耕还林政策上，县林业局负责对居住高山符合退耕还林条件、需实施易地扶贫搬迁的农户优先安排退耕还林指标。最后，体现在民政政策中，县民政局负责将易地搬迁移民对象中符合五保条件的"三无户"，统一安排进入敬老院集中供养。

2015年，华阳村新建了大河坝高山生态扶贫搬迁居民点，集中搬迁安置20户75人，2016年易地扶贫搬迁11户，2017年规划搬迁5户。

第二节　产业扶贫模式

一　产业扶贫的内涵

产业扶贫是铲除穷根的根本之策，2016年4月24日，习近平总书记在安徽金寨考察时，对产业扶贫提出了新要求，他指出："要脱贫也要致富，产业扶贫至关重要，产业要适应发展需要，因地制宜、创新完善。"他在《摆脱贫困》一书中指出，产业政策的制定应着眼于不同区域的优势，"云生从龙，风生从虎"，我们要确定不同区域的产业结构调整的重点，寻找突破口，使资源的差异性和产业结构的差异性相吻合。产业扶贫只有因地制宜，才能"对症下药、精准滴灌、靶向治疗"，才能以有效的投入获得最大的产出，才能实现可持续发展，才能彻底实现脱贫，走向富裕。

二 石柱县产业扶贫政策

石柱县于 2015 年印发了《关于大力推进产业精准扶贫工作的通知》。通知指出，石柱县要围绕扶贫攻坚大局，深入推进农业产业扶贫，切实加大投入、整合资源、强化到户，努力推动贫困农户如期整体越过扶贫标准线，确保2017 年达到全县整体脱贫的总目标，是全县各级的重大责任和使命。

（一）调优粮经结构，促进特色效益农业转型升级

1. 优化农业产业区域布局

根据"一区三带"产业布局，以建设 100 万亩特色产业基地和 1000 万头（只）牲畜养殖基地为目标，以"三百"工程、"一区五园"建设为抓手，坚持"宜林则林、宜农则农、宜牧则牧、宜旅游则旅游"的原则，大力推进贫困村农业产业结构调整。稳定粮油种植面积，保障主要农产品有效供给；坚持数量、质量、效益并举，发展壮大粮食、生猪、蔬菜等传统产业；因地制宜发展"3+7"特色效益农业产业和乡村旅游业，促进贫困农户通过发展特色高效产业增收脱贫。

2. 推进产业链条向贫困对象延伸

加强"产＋销"全产业链建设，推动辣椒、黄连、兔子等 3 个十亿级产业链向贫困村、贫困户延伸。大力支持贫困村创建种植专业村、规模养殖园，对有 50% 的贫困户参与创建的种植专业村、规模养殖园，其创建规模标准下

浮 20% 验收，以提高产业对贫困户的覆盖率。支持贫困村发展特色农产品加工，重点扶持有龙头带动、贫困农户干得了的产地初加工项目，促进贫困村产业效益提升。

3. 建立"双对接、双选择"的产业到户机制

细化特色产业全产业链建设环节，与贫困村、贫困户对接。因地制宜指导贫困村优选主导产业，围绕高效产业发展"一村一品"。围绕脱贫目标制订"菜单式"产业项目清单，指导有劳动能力的贫困农户自主选择，做到村村有产业、户户有项目。

4. 促进农产品顺产顺销

加快推进互联网进村入户计划，尽量将贫困村纳入全国电子商务进农村综合示范县建设范畴，扶持贫困村建立电子商务平台，加快发展农村"电子商务"。推进特色产业基地发展以物联网技术为主的数字农业，加快带动贫困户参与产业转型升级。加快培育农村电商主体，促进贫困村网络购物、农产品跨境电子商务等新业态快速成长。引导、鼓励超市、学校、餐馆、企业等优先对接贫困村，采取"农超对接""农校对接""农餐对接""农企对接"等方式，促进农产品产销衔接。

5. 发展休闲观光农业

支持和推动乡村休闲旅游产业发展，促进贫困村的农旅深度融合。整合新农村建设、农村环境连片整治等项目，打造休闲农业示范园区，引导贫困户创建星级农家乐，鼓励贫困户围绕以辣椒、莼菜、伏淡季水果、花卉、淡水渔业、设施农业等为主的特色产业，发展集合休闲、观光、采摘、体

验、度假、户外活动等多种功能的休闲观光旅游农庄，促进贫困户增收。

（二）强化龙头带动，促进贫困农户持续增收

1.推进股份合作

引导和鼓励贫困村以集体建设用地使用权，贫困农户以扶贫资金、宅基地使用权、土地林地经营权等，采用入股、租赁、联营等方式入股组建股份合作社，实现租金、薪金、股金等多重收益。开展财政农业项目补助资金股权化改革试点，将财政支持农业企业、专业合作社的涉农产业发展资金，按一定比例以股权形式量化确权给农户或所在地集体经济组织。

2.强化主体培育

将新型农业经营主体培育资源向贫困村倾斜，力争到2017年，在贫困村发展农民专业合作社10家，注册登记家庭农场50家，针对贫困户开展新型职业农民培训1000人次。支持县级以上农业产业化龙头企业向贫困村布局产业基地，力争引导20家以上县级龙头企业到贫困村建设原料供应基地。

3.创新带动模式

鼓励农业产业化龙头企业、农民合作社、专业大户与贫困村、贫困农户建立利益联结机制，对吸纳贫困户参股、带动增收效果好的龙头企业、农业合作组织等优先给予信贷支持并实行财政贴息、贴担保费。支持农业社会化服务组织在项目区为贫困户提供全程社会化服务，贫困户享受社会化服务，财政补贴资金比例可以提高到90%。探

索和推行"社区支持农业"、"零首付"托养、"订单收购"等产业发展模式，促进贫困农户稳定增收。对于贫困村的产业实行"订单收购"、"零首付"托养，且对一般农户覆盖率较高的龙头企业，给予"订单收购风险补贴"（根据履行订单情况、市场行情研究具体核算办法）。鼓励合作社承建农村小微型项目并吸纳贫困户农民就近务工。

（三）加强基础设施建设，改善贫困地区生产生活条件

1. 推进基地建设

加强贫困村特色产业基地基础设施配套，倾斜支持农业综合开发、耕地质量提升、测土配方施肥等项目，建设一批高质量、高标准的特色产业基地。

2. 强化生态治理

加快推进石漠化整治，实施农业规模养殖场大中型沼气工程建设。鼓励发展立体种养、农林废弃物循环利用农业、设施生态农业、观光生态农业等循环农业模式，大力推广太阳能热水器、太阳能杀虫灯和太阳能路灯。

3. 加强产业基础设施建设

村社人行便道建设、产业基地生产便道、"五小水利"建设项目优先向贫困村倾斜，保障贫困村产业基地运行通畅，提高其保灌能力。

（四）完善扶持政策，促进贫困农户稳定脱贫

1. 加大财政投入的倾斜支持力度

县级特色效益农业资金向贫困村倾斜，整合的各类扶

贫资金主要用于扶持贫困户发展产业。扶持重点对象以动态调整确定的贫困户为准，以乡镇审定《贫困户产业发展规划》所确定的产业种类、规模为基本依据，以实际种养规模据实申报、核算补助；扶持贫困户发展产业的补助政策从 2015 年起执行，当年的产业补助当年兑现。每个贫困户累计补助金额不超过 3000 元（贫困户适度规模经营补助除外）。具体按以下方式办理：每年由贫困户向乡镇政府申报产业补助，乡镇和联系部门据实审核、验收汇总（验收结果在村内公示 7 天以上），向县扶贫办申报补助资金使用结果（《产业精准扶贫补助申报验收表》和《汇总表》另行文下发）；县财政依据县扶贫办审定结果向乡镇划拨补助资金，乡镇通过银行支付到贫困户（不包括物化补助）。验收贫困户产业必须实地进行评价、测量、核算，对发展规划之外的产业，除有明确规定外，原则上一律不予补助。计划于 2015 年脱贫的贫困户，其产业补助由各乡镇在 11 月 20 日前完成初步审定并报县扶贫办审核，先按 50% 的比例及时向贫困户兑现资金；12 月 20 日以前，乡镇和联系部门据实审核、验收汇总贫困户的产业补助，向县扶贫办报送最终结果，兑现余下 50% 的产业补助。从 2016 年起，每年 4 月 30 日之前，由乡镇、村初步审定贫困户年度补助资金额度，按 50% 的比例预拨补助，用于启动生产发展。本次产业补助到户资金，属贫困村的在市级财政专项扶贫资金中安排，非贫困村的在县级扶贫专项资金中安排。对贫困户的产业补助资金，纳入扶贫专项资金进行审计，确保资金合规使用到户。整合发改、农业、水利、林业、扶贫、国土、农综、移民、交通、旅游等资金，投向贫困村产业发展。对新增的高山生态扶贫搬迁集中安置点，每村安排补助特色产业扶持资金 10 万元。

2. 实行创业就业补贴

利用现代特色效益农业资金，重点扶持贫困农户发展现代特色效益农业，对产业发展达到一定规模并脱贫的贫困户，给予一次性创业补贴；对创建家庭农场的贫困户给予直接补助。鼓励龙头企业、农民专业合作社与贫困村开展村企联建，在用工上优先聘用吸纳贫困劳动力，按吸纳贫困人口数量给予就业补助。

3. 优先推进贫困村集体资产量化确权改革

贫困村的集体资产，能够量化到户，尽量直接分配到农户。由集体经营更有效益或不宜分配到户的，可以股权形式量化落实到户。

4. 推进金融扶贫

对吸纳贫困户人口就业达到 20% 以上的农业企业、合作组织及自主创业的贫困户申请抵押担保贷款的，财政优先贴息，补贴担保费用，助推新型主体加快发展。鼓励引导涉农金融机构实施精准扶贫小额到户贷款工程，为有意愿发展特色产业的贫困户提供 5 万元以内、3 年以下、基准利率、免抵押、免担保的小额信贷支持，由财政扶贫资金给予贴息。

（五）搞好帮扶指导，提高贫困农户脱贫致富能力

1. 明确产业扶贫工作责任

全县产业扶贫工作由县扶贫办牵头，具体负责产业扶

贫工作的统筹安排、资金管理使用、情况收集等工作；乡镇要组织精干力量并以严明纪律和优良作风推动、落实相应工作；有关产业主管部门配合指导并做好相关物化补助工作，促进落实落地。

2. 完善特色产业技术体系

围绕产业链建设，加快完善产业技术体系，发挥马铃薯研发中心、辣椒创新中心、黄连工程技术中心、长毛兔育种中心、莼菜良种繁育中心、冷水鱼科研中心等六大产业技术研发中心的推动作用，在技术研发、推广应用等方面，给予贫困村重点支持。

3. 实施科技帮扶行动

动员组织县、乡镇农业科技人员，向每个贫困村选派2~3名符合需求的科技特派员，开展"一对一""保姆式"技术指导和跟踪服务，不脱贫不脱钩。

4. 支持贫困家庭子女就读就业

引导和鼓励农业龙头企业与贫困农户联手实施子女委托培养计划。支持农业龙头企业等优先聘用贫困家庭毕业生，对实现稳定就业的企业，给予一定补助。

5. 加强实用技术培训

到2017年，在贫困村范围内新发展5所农民"田间学校"，围绕当地优势主导产业，构建"专家＋农技人员＋科技示范户＋农户"的技术推广服务模式，确保新品种、新技术、新工艺进村入户，着力提高技术推广应用到位率。针对有意愿发展农业产业的贫困户，重点实施新型职业技能提升培训和农业创业培训，给予农业产业技能培训补贴；

确保到 2017 年底，劳动年龄段内有培训意愿的贫困人员"应训尽训"，实现有条件的贫困户"一户一人一技能"全覆盖。

三　华阳村产业扶贫模式

（一）华阳村产业扶贫模式

由于华阳村全域海拔在 620~1780 米，全年平均温度为 10 度，光照时间充足，草地、林地丰富，适合中药材、畜牧养殖业发展。其养殖示范园主要集中在川洞、茶园、庄坡，主要发展肉牛、山羊、生猪的养殖，规模为 3000 头，总投入 80 万元，群众自筹资金，县畜牧局指导工作。对于中草药基地建设项目，建设以黄柏等为主的中药材基地 450 亩，总投入 50 万元，在县扶贫办扶持资金的同时，群众自筹一部分。种植业基地建设方面，全村发展了以马铃薯、魔芋、烤烟等为主的经济作物基地 2000 亩，总投资 15 万元，群众自筹资金。

华阳村种植产业发展方面，主要有漆树、花椒和洋姜。2016 年，金花漆经济技术协会采用代种代养模式种植漆树，带动贫困户 25 户，一般农户 62 户；采用代种代养模式种植花椒，带动贫困户 12 户，一般农户 38 户；石柱县青林菊芋股份专业合作社采用订单收购模式种植洋姜，带动贫困户 12 户，一般农户 38 户。

有关数据表明，2016 年以来，华阳村贫困户发展的主

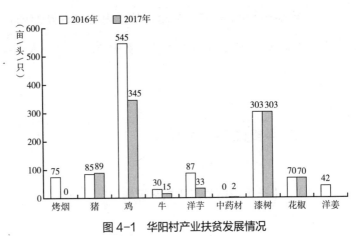

图 4-1　华阳村产业扶贫发展情况

资料来源：由《华阳村产业扶贫发展自查表》整理得到。

要产业只有两类：一是鸡、生猪的养殖，二是漆树、洋芋、花椒的种植。2016年，共养鸡545只、猪85头，种植漆树303亩，洋芋87亩，烤烟75亩，花椒70亩，洋姜42亩。

同时，华阳村也积极推进专业合作社经营模式，专业合作社以其成员为主要服务对象，提供农业生产资料的购买，农产品的销售、加工、运输、贮藏以及与农业生产经营有关的技术、信息等服务。农业专业合作社的建立，有利于提高农民组织化程度，有效抵御市场风险；有利于推进农业结构调整，促进现代农业发展；有利于提高农产品的质量安全标准和市场竞争力。

目前，华阳村共有金花漆经济技术协会和青林菊芋股份合作社两个合作社，其中，金花漆经济技术协会采用代种代养带动模式，而青林菊芋股份合作社采用订单收购带动模式。

（二）华阳村花椒漆树产业

1. 产业发展原则

根据整村脱贫产业发展的要求，为有序推进该村产业的发展，促进贫困农民脱贫致富，华阳村依托石柱土家族自治县金铃乡金花漆专业经济技术协会在香树组、茶园组、庄坡组、川洞组四个村民小组实施花椒、漆树产业项目。该项目严格按照石柱土家族自治县人民政府办公室《关于对整村扶贫项目实行简化建设管理程序的通知》（石柱府办发〔2015〕127号）和石柱土家族自治县扶贫开发办公室、石柱土家族自治县财政局《关于下达2015年第四批整村扶贫资金计划的通知》（石扶办〔2012〕212号）要求制定切实可行的项目实施方案。

项目坚持"实事求是，专业合作社＋基地＋农户，由协会发展产业、政府适当补助，集中栽植、统一管理"的原则。其中，"实事求是"是根据华阳村的土地特性和农户自主选择，确定花椒、漆树产业发展品种。坚持"专业合作社＋基地＋农户"的原则，指发展的花椒、漆树产业统一由金花漆经济技术协会牵头组织实施，在规划区域内农户积极参与。坚持"由协会发展产业，政府适当补助"原则，指产业发展所需资金农户自筹，乡政府按进度及验收是否合格给予一定产业资金补助。"集中栽植、统一管理"的原则，是为确保产业成功发展，由协会统一购买、统一栽种、统一管理。在产业规模上，因地制宜，在华阳村香树组、茶园组、庄坡组、川洞组种植花椒500亩、漆树

1000 亩。

2. 产业发展要求

（1）种苗规格、数量及购买方式。九叶青与紫荆 1 号优质苗共计 40000 株，其中苗高 0.6 米，每亩 80 株；漆树种苗为阳刚大木，株高 0.6 米，每亩为 60 株，共计 30000 株。所有种苗必须具有无病虫害检疫证明，且所有种苗协会统一组织农户购买。

（2）栽植前的准备。栽植前由农户统一整地、翻土，栽植土杂肥自行负责。

（3）栽植规格及方式。花椒总规模 500 亩，每亩 80 株；每株单价 1.5 元，栽植密度 2×3 米、窝函 0.4×0.4×0.2 米的规格。种苗栽种由协会负责组织、栽植及技术指导。

漆树总规模 500 亩，每亩 60 株；每株单价 2.5 元，栽植密度 4×4 米，窝函 0.4×0.4×0.2 米的规格。种苗由协会负责组织、栽植及技术指导。

（4）后期管护方式。由协会组织农户定期对花椒、漆树实施管护（包括对花椒、漆树示范片的病虫害防治、施肥、除草、修剪、补植补栽及统一管护，管理期限 1~2 年）。

（5）时限要求。2015 年 12 月底全面栽种结束。

3. 总投资及使用方式

（1）总投资：总投入资金 50 万元，主要资金来源于县扶贫办。

（2）使用方式：采取农户自主购苗栽植，村组干部组织农户实地丈量面积公示无误后，政府和协会实地验收合格后兑付到协会，协会再结合种苗和管护费分年度逐步兑付到户。

4.资金概算和资金筹措

（1）花椒产业：面积 500 亩，总投资 20 万元，每亩按照 400 元补助到户，其中种苗费每亩 120 元，管护费每年每亩 100 元（管护费按照 2 年计算），肥料、农药总计 80 元。

（2）漆树产业：面积 500 亩，总投资 30 万元，每亩按照 600 元补助到户，其中种苗费每亩 150 元，管护费每年每亩 100 元（管护费按照 3 年计算），肥料、农药总计 150 元。

（3）效益分析：华阳村花椒、漆树产业项目实施后，将有效推动该村的其他产业发展和改善群众生产、生活，且可增加农业产值 240 万元，人均增加 1500 元。

5.资金兑付方案

经过华阳村"两委"、村民代表、协会会员代表会议讨论、协商，拟定产业扶持资金兑付方案如下。

华阳村花椒、漆树产业扶持资金共 50 万元（含税），其中，漆树 30 万元（含税），花椒 20 万元（含税）。资金按计划面积（漆树 1000 亩、花椒 500 亩）兑付，漆树 300 元 / 亩（含税），花椒 400 元 / 亩（含税）。共分两次兑付，2017 年 1 月底第一次兑付，2018 年 1 月兑付剩余资金。其中，2017 年 1 月底第一次兑付方案坚持以实地丈量面积为准。通过代表会议成立自查验收小组（共 12 人），验收结果：花椒 299.18 亩，漆树 830.13 亩。

在扶持资金兑付上，花椒分三类兑付。一类是 300 元 / 亩，花椒苗种植达到规格（每亩达 80 株以上），管护到位。二类是 200 元 / 亩，花椒苗种植达到规格一半以上（每亩 40

株以上），管护到位。三类是 100 元 / 亩，花椒苗种植不达规（每亩 40 株以下），管护不到位。漆树也分三类兑付。一类是 200 元 / 亩，漆树苗种植达到规格（每亩 55 株以上），管护到位。二类是 150 元 / 亩，漆树苗种植达到规格一半以上（每亩 25 株以上），管护到位。三类是 100 元 / 亩，漆树苗种植不达规（每亩 25 株以下），管护不到位。

对于差额面积（漆树 169.87 亩，花椒 200.82 亩），必须补植补造，管护到位，达一类标准，于 2018 年 1 月验收并兑付剩余资金。

四 华阳村产业扶贫效果

华阳村通过新发展主导产业花椒 500 亩、漆树 1000 亩、荒山造林 1000 亩、种植洋姜 142 亩。参与群众 200 余户，其中贫困户 25 户，预计实现产值 480 万元，户均增收 3500 元。

同时，产业扶贫也推动了智力扶贫进程。一是通过广泛宣传、政策引导等形式激发农户学习致富能力，鼓励适龄青年回乡创业，引进花椒、漆树、豪猪等特色产业，创建华阳村金花漆经济技术协会、响水村七曜山生态生漆协会，发挥典型带动优势，发展一批、带动一批、致富一批。二是依托情感扶贫，与贫困群众打成一片，真心帮扶，增强其脱贫信心，帮助贫困群众学习脱贫致富的本领，坚持把培育"造血"机制作为扶贫攻坚的根本所在，从根本上"拔穷根"。

第五章

巩固精准扶贫精准脱贫成效

尽管华阳村实现了精准脱贫的目标，但如何巩固脱贫成效，不但是国家层面要关注的重大战略问题，更是基层各级政府、广大贫困群体关注的现实问题。为此，需要针对在精准扶贫精准脱贫工作中发现的问题，提出相应的解决对策，更好地巩固脱贫成效，确保华阳村广大村民与全国人民一道，实现2020年全面建成小康社会的宏伟目标。

第一节　华阳村精准扶贫精准脱贫工作中发现的问题

纵观华阳村精准扶贫精准脱贫实践，既有成功的经验，也存在一些需要进一步解决和探索的问题。

一　产业发展没有实现有效突破

实现全面小康，贫困是最大的拦路虎，扶贫攻坚是最艰巨的任务。要阻止贫困的代际传递，彻底拔掉穷根，产业扶贫是根本之策。正如习近平总书记所指出的："要脱贫也要致富，产业扶贫至关重要，产业要适应发展需要，因地制宜、创新完善。"

产业扶贫是指以市场为导向，以经济效益为中心，以产业发展为杠杆的扶贫开发过程，是促进贫困地区发展、增加贫困农户收入的有效途径，也是扶贫开发的战略重点和主要任务。由此可以看出，产业扶贫是一种内生发展机制，目的在于促进贫困个体（家庭）与贫困区域协同发展，根植发展基因，激活发展动力，阻断贫困发生的动因。

华阳村在精准扶贫精准脱贫过程中，也特别重视产业扶贫的重要作用。但受华阳村所处的地理位置、气候条件、群体认知水平等方面的限制，产业发展一直没有实现有效突破。

在种植业方面，华阳村通过引入企业，引导广大贫困户种植洋姜，并且达到了一定规模。但由于企业自身加工设备没有达到要求，企业倒闭，收购贫困户的洋姜之后，没能及时支付货款，一些贫困户至今也没有得到货款，给他们造成了一定的经济损失。由此，洋姜种植产业以失败而告终。

由于华阳村地处深山区，日照不足，不适宜果树种植。根据华阳村的实际情况，在县、乡两级政府的指导下，村"两委"带领贫困户在产业扶贫的道路上又进行了探索。动员贫困户种植漆树、花椒，并成立了漆树种植合作社。但由于漆树、花椒种植要 3~5 年才能产生效益，是一个长期的项目，短期内无法对实现脱贫发挥作用，但可以发挥其巩固扶贫成效的作用。

在养殖业方面，华阳村也进行了一定的探索，但也没有实现突破。华阳村有养殖牛、羊、猪的传统，但养殖牛、羊存在着成本高、放养难的问题，没有形成一定的规模，发展的范围很小，农户养殖规模很小。从 2016 年起，华阳村开始探索养殖中蜂的路子，并且有了一定的规划——养殖规模 700~800 群，最初得到了广大贫困户及非贫困户的积极响应。但由于政府补助资金没有到位，群众养殖中蜂的积极性受到影响，也以失败而告终。

因此，目前华阳村依然采取传统的将玉米、水稻作为主导，个别农户小规模养殖猪、羊为辅的产业发展模式，依然没有找到适应华阳村实际，并发挥扶贫效应的产业发展之路。

二 道路附属设施严重缺失

在精准扶贫精准脱贫过程中，难啃的"骨头"是基础设施"脱贫"。2016 年 3 月 5 日，李克强总理在政府工作报告中指出："加大农村基础设施建设力度，新建改建农村公路20万公里，具备条件的乡镇和建制村要加快通硬化路、通客车。"这对实现精准扶贫精准脱贫目标具有重要的意义。

各级政府十分重视华阳村的乡村道路建设工作，2015年以来，实施硬化、改扩建、新建等工程。乡村道路的建设，一方面为广大村民的出行提供了极大方便，另一方面为未来产业的发展提供了可能。乡村道路主体工程建成之后，附属设施建设，特别是安全设施没有跟上，目前依然严重缺失。由于华阳村地处深山，一些村民小组地处山顶，乡村道路盘旋而上，一边是山体，另一边是万丈深渊。如果没有安全防护设施，行车将面临巨大的潜在安全风险。除了道路安全防护设施之外，几乎所有的道路都没有设置警示标示，一定程度上也存在安全隐患。

究其原因，包括如下两个方面。一是对道路安全附属设施建设重视程度不够。在精准扶贫精准脱贫过程中，为了解决农村人口出行问题，国家十分重视农村公路建设，华阳村道路建设取得了较快发展，乡村通行条件得到了极大改善。而农村公路的安全附属设施却没有得到应有的重视，一方面没有出台强制性的建设标准，同时也没有与公路主体工程同设计、同实施，进而导致了安全设施的缺失。二是建设资金短缺。农村道路的安全附属设施是公路建设的重要部分。在精准扶贫精准脱贫过程中，各级政府投入了大量资金改善农村道路条件，但相对于资金需求，缺口依然很大，因此，有限的资金几乎全部用在了延伸道路里程上，无力建设道路安全附属设施。

三　生态建设没有得到应有重视

众所周知，山区是生态建设的主战场，是国家生态安全的重要保障，为平原地区社会经济发展提供有效的生态屏障，以及清洁的水源；同时，山区也是贫困集中分布的区域，是国家扶贫攻坚的主战场，没有山区的全面脱贫以及实现全面小康，就没有中国社会的全面小康。

对广大的山区而言，在精准扶贫精准脱贫过程中，存在明显的基础设施建设与生态保护之间的矛盾。山区基础设施建设，特别是道路建设，需要开山、砍树，势必造成山区生态资源和生态环境破坏，尤其是农村道路建设，对山区的生态破坏更甚。为了实现精准扶贫精准脱贫的目标，各级政府更关注基础设施建设及其成效，而对建设过程中带来的生态破坏，以及建设之后需要进行的生态修复都没有给予足够重视。

调研发现，村内道路建设过程中，特别是连通高山区易地搬迁贫困户的道路，开垦了很多山地，砍伐了一些植被，尤其是乔木，在一定程度上破坏了生态。另外，道路修建完成之后，开垦的山地边坡没有及时进行生态修复，一方面强降雨容易造成水土流失，另一方面可能会导致山体碎石等的下落，对村民的生命财产安全构成一定的威胁。

从国家政策层面，在实施精准扶贫精准脱贫过程中，将关注重点集中在基础设施建设、贫困群众增加收入等方面，对这些区域生态问题没有重视。众所周知，如果基础设施建设对山区植被、生态环境造成的冲击超过了山区生态系统的承受能力，将会导致山区生态系统服务功能的下降甚至丧失，山区生态系统一旦失去生态保障功能，将会对国家生态安全以及对平原地区的屏障作用造成重大影响。因此，在精准扶贫精准脱贫进程中，需要高度关注生态建设问题。

四 农村集体经济发展缺乏思路

农村改革开放之初，全国各地绝大多数的农村都进行了集体资产的重新分配，几乎所有的集体资产都分配到户，集体资产荡然无存。从目前来看，这种处理方式的负面影响在日益显现。与全国其他地方农村一样，华阳村也进行了同样的改革，集体经济也是白纸一张。

农村集体经济的缺失产生如下几方面的负面影响：一是难以巩固农村基层党组织的领导地位，二是难以支撑农村基础设施建设与管护，三是难以保障农村生态文明建设，四是难以有效推动农村和谐社会、美丽乡村建设，五是难以发展产业，推动精准扶贫精准脱贫工作。

究竟如何发展农村集体经济，有效推动精准扶贫精准脱贫工作，华阳村一直在探索，但到目前为止，依然没有有效的发展思路，更没有切实可行的产业方向。当然，在发展农村集体经济方面，华阳村还缺乏应有的发展基础，特别是资源基础。由于缺乏集体资产、资源，发展集体经济就成了一句空话。

五 贫困人口自身发展动力不足

在与华阳村村民代表交流的过程中发现，当前，华阳村贫困人口自身发展动力明显不足，依然存在"等、靠、要"的思想。由于华阳村地处深山，村民走出大山的成本较高，与外界的沟通不足，传统思维方式还没有实现有效转变。调研发现，大多数村民对目前的生活状况较为满意，对进一步发展产业，增加收入缺乏动力。当然，大多数贫困群体还缺乏发展产业所需要的资金支撑。

同时，产业发展中还存在产品销路问题，大家认为即使把产业发展起来，由于难以销售出去，还是达不到增加收入的目的。为此，普遍认为外出打工是增加家庭收入的有效途径。

第二节 巩固精准扶贫精准脱贫成效的建议

针对华阳村精准扶贫精准脱贫过程中存在的问题，需要采取有效措施，进一步巩固精准扶贫精准脱贫的成效，为此，提出如下建议。

一 继续探索产业发展的路子

产业扶贫是实现有效脱贫最重要的方式与途径，也是巩固精准脱贫成效的首要选择。因此，华阳村应在以往产业探索的基础上，进一步拓宽发展思路，创新发展模式，动员与引导广大村民积极参与，早日形成符合华阳村实际的产业发展之路。

从目前来看，漆树发展已经具有了一定的基础，也成立了漆树发展合作社，可以将其作为一个重要的产业来发展。同时，花椒种植也具有了一定的规模，也应该进一步完善引导。尽管漆树、花椒种植需要一定的周期，短期内无法增加农民的收入，但是长期的保障，更能有效地巩固精准脱贫成效。

此外，应探索产业发展的新业态。从消费市场来看，生态消费将成为未来消费的重点领域。在此背景下，华阳村应立足于自身优美的自然生态资源优势，探索产业发展的新业态，最为可行的就是大力发展乡村生态旅游，并以此带动农家乐发展，使越来越多的农户参与到产业发展之中，从根本上、长远考虑上巩固精准扶贫精准脱贫的成效。具体而言，就是具备条件的农户可以发展农家乐，不具备条件的农户则可以为发展农家乐的农户提供农产品供应，利用自己的土地种植蔬菜，同时，还可以利用广阔的山体发展土鸡养殖，为农家乐餐厅提供优质土鸡蛋；还可以将其作为乡村生态旅游产品，进行统一包装，为旅游者提供商品。除供应农产品之外，乡村生态旅游还可以为劳动力提供就业机会，增加农民收入。

为了将乡村生态旅游发展好，华阳村应做好乡村生态旅游发展规划，明确发展重点、发展布局，以及农民参与机制，引导农民生产不同种类的农产品，从源头上避免同质化生产，减少人为竞争因素的出现。在发展过程中，必须遵循的一个理念：不要将过多的现代化元素符号、城市元素符号引入乡村生态旅游之中，应充分展现华阳村区域特点、民族文化特色等。

二 完善道路的安全设施

道路的安全设施属于道路的基础性设施，其完善程度直接影响了行车安全，这些设施主要包括标志、标牌、示警桩、防撞护栏、警示灯、减速带、公里碑等。从华阳村道路建设情况来看，绝大部分都没有安全设施。为此，应采取有效措施，逐步完善农村道路安全设施。

一是完善农村道路安全设施，逐步改善农村道路的安全通行条件。从长远来看，消除农村道路的安全隐患，提高农村道路的安全性，不仅仅是增设一些安全设施，而应将完善农村道路安全设施作为直接影响农村居民安全出行的一件大事来抓，切实做到"两个结合"。第一，道路安全设施建设要与农村公路新改建相结合。农村公路安保工程建设应与主体工程同步设计、同步实施、同步验收。强制要求新建、改建的农村公路，没有修建安保设施的，不得验收和投入运行。第二，道路安全设施要与农村公路维修工程相结合。在对农村公路实施翻修改造的同时，积极完善防护、交通安全、配套设施，提高公路整体安全性能。同时，要建立农村公路安全设施建设、养护、管理的长效机制，做到责任主体、机构、资金"三落实"。并按照"政府负责、部门执法、群众参与、综合治理"的总体要求，确保农村公路安保工程"建即有管、建即有养"，逐步形成交通安全设施"坏了有人及时修，缺了有人及时补"的良性、立体管理体制，最大限度保护人民群众的生命和财产安全。

二是多渠道筹资，保证道路安全设施建设的资金投入。农村公路安保工程建设点多、面广，资金需求巨大，依靠地方财政，难以完成安全设施工程。为此，需要争取国家各级政府部门的财政资金，在实现精准扶贫精准脱贫过程中，完善村内道路的安全设施，并逐步建立起有效的管护机制。

当然，完善农村道路安全设施，要因地制宜，对设施的形式、设施的位置等要进行多方案比选，实事求是地选择适合本地农村道路的安全防护形式。此外，要加强本村道路安全设施建设质量监管。

三 加强生态环境建设

华阳村良好的生态资源环境，一方面保证了全村居民的福祉，另一方面为未来发展乡村生态旅游，巩固精准扶贫成效提供了资源基础。但在精准扶贫精准脱贫进程中，由于基础设施建设，特别是农村道路建设以及易地搬迁，需要开山砍树，而在工程完成之后，并没有进行及时的生态修复，从而在一定程度上对生态环境造成了破坏。华阳村要保持绿水青山，实现"绿水青山就是金山银山"的美好前景，需要加强生态环境建设。

首先，要树立绿色发展理念。生态就是生产力，生态就是潜力，生态就是竞争力，拥有生态就拥有未来。党的十八届五中全会提出了"创新、和谐、绿色、开放、共享"五大发展理念，为我国实现可持续发展指明了方向。在推动华阳村精准扶贫精准脱贫进程中，各级政府特别是乡村政府一定要牢固树立绿色发展理念，走绿色扶贫的发展道路。不能只关注精准扶贫中基础设施的建设，而忽视生态环境的保护。

其次，要减少基础设施建设对生态环境的影响。华阳村有4个村民小组，居民分散居住在不同的居民点，而且彼此相距较远，在实施村组道路建设时，工程量较大，而且需要开山的面积大、砍伐树木多，对生态环境影响与破坏较为严重。目前，村庄道路建设对生态环境破坏已经成为事实，不能有所改变了。但在未来道路建设、易地搬迁中，要做好规划，尽可能减少对生态环境的影响，做到工程施工与生态恢复同时进行。

最后，要加快生态修复进程。华阳村道路建设、易地搬迁进程中对生态环境造成了一定程度的破坏，如道路边坡、山体边坡问题。因此，建议按照生态规律及生态破坏的实际，尽快对道路边坡、山体边坡进行生态恢复，还原良好生态环境。

四　探索农村集体经济发展之路

习近平总书记强调指出，小康不小康，关键看老乡。

这表明全面建成小康的难点、重点、希望都在农村，特别是贫困地区的广大农村。全国范围内的基层调研发现，凡是村级集体经济较强的村，不但党在农村基层的领导地位非常稳固，而且这些村庄都能够率先实现小康；而集体经济薄弱甚至"经济空壳"的村，党的基础领导地位非常脆弱，难以带领广大村民实现全面小康。

从理论上来讲，农村集体经济是社会主义公有制经济在农村的重要体现。在精准扶贫精准脱贫背景下，发展农村集体经济具有重要的现实意义，具体表现在如下两个方面：一是为加强基层组织建设、提高党在农村基层的执政基础和执政地位提供重要的保证；二是助力精准扶贫精准脱贫，巩固脱贫成效，推动广大农村全面建成小康社会。因此，与全国其他村集体经济"空壳村"一样，大力发展农村集体经济成为华阳村亟须解决的重大问题。

其一，各级政府应深刻认识到农村集体经济的极端重要性。从国家层面上来看，应该把发展农村集体经济作为巩固精准扶贫精准脱贫成效的有效途径，作为强化党在基层领导地位的关键。为此，需要出台相应的政策措施，推动农村集体经济的发展。从基层层面来看，应切实把发展村级集体经济作为巩固精准脱贫成效的重要工作，制定切实可行的发展规划。从华阳村层面来看，应根据本村的实际情况，选择适宜的产业，探索实施的途径与所需要的保障措施。

其二，设立扶持农村集体经济发展的专项基金。各级政府在促进农村发展方面，投入了大量的财政资金，但并没有专门资金用于扶持农村集体经济的发展。为此建议，在适当的层面设立专门扶持农村集体经济发展的专项基金。除了政府财政投入之外，应充分发挥金融机构在发展农村集体经济方面的作用，为农村集体经济发展项目优先提供信贷和融资支持。

其三，设立农村集体经济发展的具体项目。县乡政府应充分考虑村级提出的农村集体经济发展项目，在安排区域产业规划的同时，综合考虑农村集体经济发展项目，并为农村集体经济发展项目和经营项目提供有效的服务。对华阳村而言，在发展漆树、花椒产业的同时，应积极探索发展乡村生态旅游之路，将其作为未来确保精准脱贫成效的最佳产业。

其四，培养农村集体经济发展的人才。华阳村应充分发挥本土人才优势，挖掘、培养本村的优秀人才；同时，提升村级领导集体的能力，解决发展农村集体经济所需的人才，此外，还应积极动员本村外出务工人员回村创业。为此，县乡政府应出台鼓励人才回村创业、帮助村集体经济发展的相关政策。

其五，创新农村集体经济发展机制。农村集体经济发展的关键基础是资源，特别是土地资源。因此，华阳村在发展村级集体经济时，需要创新参与机制，采取有效措施，将农民手中的土地整合起来，作为农村集体经济发展的基础。同时，为本村具有劳动力的家庭提供就业机会，从而获得股金分红与工资性收入，切实增加农民收入，有效巩固精准脱贫的成效。

五　提升贫困人口自我发展能力

近些年来，特别是国家实施精准扶贫精准脱贫战略以来，国家、省、市、县各级政府都投入了大量资金，围绕精准扶贫精准脱贫工作实施了大批工程，取得了显著成效，为到 2020 年实现全面脱贫目标打下了基础。

无论是国家系列惠农政策还是精准扶贫精准脱贫战略实施过程中的各项政策，都为广大农村居民特别是贫困群体带来实惠，但与此同时，贫困人口也养成了"等、靠、要"的思想。在与华阳村贫困人口代表座谈时发现，几乎所有的贫困人口存在着"等、靠、要"的思想。因此，华阳村要从根本上实现精准脱贫目标、巩固脱贫成效，需要采取有效措施，转变贫困人口"等、靠、要"的思想，提升贫困人口的自我发展能力。

首先，引导贫困群体转变观念。华阳村贫困群体都认为资金短缺是导致自己贫困的主要原因，在精准扶贫精准脱贫工作中，各级政府应该继续加大资金投入。而对自身如何实现脱贫、如何巩固脱贫成效等，没有任何的想法与思路。但不知道这种"输血"方式只能治标，不能治本。要彻底摆脱贫困状况，需要将"输血"转变为"造血"，提升自身能力。为此，各级政府应引导广大贫困群体转变"等、靠、要"的思想观念，协助其探索自我发展的途径。

其次，帮助贫困群体发展产业。在引导贫困群体转变观念的基础上，针对贫困户的不同情况，采取差异化对策措施，根据劳动力状况，宜种则种，宜养则养，因地制宜，因户施策，因人施策，通过产业发展带动脱贫。引导贫困户发展种植、养殖等可以实现短期效益的产业，尽可能做到增收产业项目覆盖所有的贫困户，确保每个贫困户都有1~2项增收脱贫项目支撑。同时，应采取配套扶持政策。在扶持贫困户发展产业的同时，为贫困户生产设施的改善提供相应的配套资金等，如扶持贫困户养猪、养羊、养鸡等，在供给种苗的同时，力所能及配套建猪舍、羊舍、鸡舍、沼气池等，实现贫困户发展产业的稳定性和持续性。

再次，创新发展模式。在发展短期产业的同时，引导贫困户通过承包地入股，或者为集体经济发展提供劳动力等方式，发展长期产业，以稳固脱贫效益的长期性。同时，应根据贫困户产业发展的实际情况，进行适宜的配套技术培训，以解决贫困户缺技术问题，确保产业发展产生实实在在的收益。

最后，建立贫困群体参与机制。华阳村要充分发挥党员干部、本土人才以及务工回乡能人的引领作用和致富带头人的示范作用，建立健全贫困群体参与精准扶贫精准脱贫的组织保障机制和利益与需求表达机制，提高贫困群体参与市场竞争的自觉意识和能力，激发贫困群体实现精准脱贫的积极性、主动性、创造性。

附　录

金铃乡华阳村整村扶贫规划（2015~2017）

一 基本情况

华阳村位于金铃乡东南部，距县城 72 公里，幅员面积 18 平方公里，林地面积 14000 亩，耕地面积 2440 亩（其中田地面积 400 亩）。辖 4 个村民小组，2014 年底总人口 274 户 812 人，其中贫困户 27 户 102 人，低保户 11 户 24 人（其中城镇低保 5 户 9 人，农村低保 6 户 15 人），五保户 4 人，孤儿 3 人，残疾人 24 人，长期被疾病困扰的 30 人。全村劳动力 309 人（其中外出务工劳动力 90 余人）。

境内山高坡陡，沟壑纵横，海拔最高 1780 米，最低 620 米。自然条件较为恶劣，交通基础薄弱，运输条件落后。小学入学率 100%，人口自然增长率 3.4‰，电视覆盖率 100%。

目前拥有野生植物 150 余种，其中珍贵树种有水杉、银杏、红豆杉等，国家挂牌保护的树种有 5 株，树龄 100 年以上，有竹笋、香菇、蕨菜等森林绿色食品；森林覆盖率达到 54.3%，林木覆盖率达到 80%，全部属于自然植被。

（一）基础设施

现有村级公路 27 公里，山坪塘 0 口，其中病险塘库 0 口；人畜饮水池 5 口，已解决 500 多人饮水困难，还有近

5 户饮水需要肩挑手提；正在硬化大见路 7000 米；现有 20 户住房条件需要改善；需要整修渠堰 950 米。

（二）产业发展

2014 年底，华阳村农民人均纯收入 7120 元，比 2013 年增长 7%。

（1）种植业。粮食生产以种玉米为主，经济作物以烤烟为主。2014 年，种植玉米 500 亩，种植烤烟 400 亩，种植土豆 700 亩，种植水稻 100 亩。

（2）养殖业。以养牛、羊、猪为主，其中养羊大户 1 户，存栏 30 只，年出栏 20 只以上。养猪大户 1 户，存栏 30 头，年出栏可达 25 头以上。

（三）社会事业

有适龄儿童 17 名，适龄儿童入学率 100%，初中生辍学率 2.1%。建成面积 30 余平方米的村级卫生室，现有卫生医护人员 0 名。城乡合作医疗保险参保率达 97.8%、城乡村民养老保险参保率达 91%。

（四）技能素质

有 20 名青壮年劳动力接受过实用技术、非农职业技能或创业培训，还有 1 人因为缺乏技能闲赋在家。

（五）基层组织

建成面积 150 余平方米的村级便民服务中心，其中配套便民超市 0 平方米，农家书屋 40 平方米，藏书 1700余本。

二　发展目标

到 2017 年解决贫困户"八难"，实现贫困村"八有"，人均纯收入增加 500 元，增幅达到 8%，贫困人口减少 102人，完成脱贫摘帽。

三　规划建设内容

（一）基础设施

1. 交通

硬化公路 15.68 公里，一是规划硬化华阳大桥至茶园坝：4 公里，受益人口 251 人；二是正在硬化丁家梁至庄坡，11.68公里，受益人口 600 人；三是改扩续建道路一条：芭蕉塘至茶园坝 4.43 公里，受益人口 260 人；通过项目的实施全村共有硬化公路 15.68 公里，通畅率达到 58%；全村通达率达到 100%。

2. 水利

新建香水坝河堤一处，长 300 米；新建饮水池 2 口，共 40 立方米，铺设管道 3500 米；整治农田水利灌溉水渠项目 2 项，共计 950 米，其中大沟至进水池水渠 250 米，老林沟至茶园大田水渠 700 米；农民饮用水水质合格率达 99% 以上，基本解决人畜饮水安全问题。

（二）主导产业

发展生猪 1200 头，山羊 100 只，养鸡 3000 只。新发展种植生态漆树 1000 亩，中药材、竹笋 1000 亩，荒山造林 1000 亩。参与群众 200 余户，其中贫困户 20 户，覆盖农户比例 73%，贫困户比例 74%，预计实现产值 480 万元，户均增收 3500 元。

（三）社会民生

实施高山生态扶贫搬迁 20 户 80 人，硬化人行便道 7.8 公里。

（四）基本素质

组织 30 人参加实用技术培训，组织 10 人参加非农职业技能培训，组织 3 人参加创业培训，通过培训转移剩余劳动力 20 人。适龄儿童入学率达 100%，"两后生"接受职业教育比例达 90% 以上；高中阶段入学率达 90% 以上。

（五）基层组织

配备第一书记 1 名，大学生村官 1 名，组建驻村帮扶工作队 7 人。

四 规划投资及资金筹措

规划投资 1219 万元，其中财政专项扶贫资金 200 万元，行业部门资金 1019 万元。按工程类别划分：基础设施改善投资 959 万元，占总投资 78.67%；主导产业培育投资 140 万元，占总投资 11.48%；社会民生投资 114 万元，占总投资 9.35%；基本素质提升投资 3 万元，占总投资 0.25%；基层组织建设投资 3 万元，占总投资 0.25%。

表1 资金整合

单位：万元

序号	项目名称	总投资	其中			资金来源部门
			财政专项扶贫资金	行业扶贫资金	社会扶贫资金	
1	茶园路硬化工程	160		160		交委（全村未一条村道硬化路）
2	茶园路改扩建工程	50		50		发改委、交通委
3	大见路工程	630		630		交通委（在建）
4	茶园农田水利1	1	1			扶贫办
5	茶园农田水利2	3	3			扶贫办
6	小型农田水利(河堤)	100		100		水务局
7	老房子新建水池工程	8		8		水务局
8	作坊沟新建水池工程	7		7		水务局
9	种植漆树	90	90			扶贫办
10	种植中药材、竹笋	30	30			扶贫办
11	荒山造林	20	20			扶贫办
12	高山生态扶贫搬迁	64		64		扶贫办
13	人行便道硬化	30	30			扶贫办
14	大院环境整治	20	20			扶贫办
15	组织实用技术培训	1	1			扶贫办
16	组织非农职业技能培训	1.5	1.5			扶贫办

序号	项目名称	总投资	其中			资金来源部门
			财政专项扶贫资金	行业扶贫资金	社会扶贫资金	
17	组织创业培训	0.5	0.5			扶贫办
18	便民服务中心、村级卫生室、便民超市	3	3			扶贫办
	合计	1219	200	1019		

五 保障措施

（一）加强领导，落实责任

为了保障项目顺利实施，乡政府成立由书记任组长，分管扶贫领导、驻村组长任副组长、财政所所长、经发办主任、农服中心主任、城建办主任及驻村干部为成员的领导小组，定期召开联席会议，研究解决整村推进中的重大问题。领导小组下设办公室在乡扶贫办，负责协调处理日常事务。华阳村也要建立相应的组织机构，具体负责规划方案的组织实施，形成上下一心、齐抓共管的良好局面。

（二）多方协调，争取支持

一是政府紧紧围绕整村扶贫工作，积极与项目涉及的县级相关部门有效对接，加强沟通，争取项目主管部门的大力支持。二是及时与项目施工单位沟通协调，为项目推进营造宽松环境，保证项目建设顺利进行。三是广泛发动群众，充分调动他们积极性，实现"要我发展"到"我要发展"转变，引导群众参与项目决策、项目监督、效果评定。

（三）硬化措施，强化监管

一是认真落实项目监管措施，抓好项目实施前公示、实施过程质量监督、竣工验收满意度测评，充分发挥村民代表和农村义务监督员的作用。二是按照《石柱土家族自治县扶贫项目及资金管理办法（试行）》（石柱府办发〔2011〕194 号）要求，加强扶贫专项资金事前、事中、事后的全过程管理，严禁挪用、挤占和改变资金用途。

参考文献

陈辉、张全红：《基于多维贫困测度的贫困精准识别及精准扶贫对策——以粤北山区为例》，《广东财经大学学报》2016年第6期。

陈升、潘虹、陆静：《精准扶贫绩效及其影响因素：基于东中西部的案例研究》，《中国行政管理》2016年第9期。

邓维杰：《精准扶贫的难点、对策与路径选择》，《农村经济》2014年第6期。

邓小海、曾亮、罗明义：《精准扶贫背景下旅游扶贫精准识别研究》，《生态经济》2015年第4期。

宫留记：《政府主导下市场化扶贫机制的构建与创新模式研究——基于精准扶贫视角》，《中国软科学》2016年第5期。

蒋永穆、周宇晗：《习近平扶贫思想述论》，《理论学刊》2015年第11期。

刘解龙：《经济新常态下的精准扶贫理论与机制创新》，《湖南社会科学》2015年第7期。

刘彦随、李进涛：《中国县域农村贫困化分异机制的地理探测与优化决策》，《地理学报》2017年第1期。

罗章、王烁：《精准扶贫视阈下乡村旅游内生脱贫机制——

以重庆市"木根模式"为例》,《农村经济》2018 年第 1 期。

莫光辉:《精准扶贫:中国扶贫开发模式的内生变革与治理突破》,《中国特色社会主义研究》2016 年第 4 期。

唐任伍:《习近平精准扶贫思想阐释》,《人民论坛》2015 年第 30 期。

汪三贵、郭子豪:《论中国的精准扶贫》,《贵州社会科学》2015 年第 5 期。

杨芳:《驻村"第一书记"与村庄治理变革》,《学习论坛》2016 年第 2 期。

殷治琼:《全域旅游与脱贫攻坚:耦合性与互动性探讨——以重庆市石柱县为例》,《经济研究导刊》2018 年第 1 期。

于法稳:《基于绿色发展理念的精准扶贫策略研究》,《西部论坛》2018 年第 1 期。

张维理、武淑霞、冀宏杰:《中国农业面源污染形势估计及控制对策》,《中国农业科学》2004 年第 7 期。

赵武、王姣玥:《新常态下"精准扶贫"的包容性创新机制研究》,《中国人口·资源与环境》2015 年第 12 期。

朱梦冰:《精准扶贫重在精准识别贫困人口——农村低保政策的瞄准效果分析》,《中国社会科学》2017 年第 9 期。

朱兆亮、David Norse、孙波:《中国农业面源污染控制对策》,中国环境科学出版社,2006。

后 记

　　作为"精准扶贫精准脱贫百村调研"国情调研特大项目之一的重庆市石柱土家族自治县金铃乡华阳村的调研活动已基本告一段落，回顾本次调研，课题组真切感受到扶贫工作对于改善山区农民现状的重要性，感受到了扶贫政策对于改善农户生产生活条件所发挥的巨大作用。课题组成员被华阳村精准扶贫精准脱贫工作所取得的成绩震撼，对扎根基层的扶贫工作者兢兢业业的工作作风感动。感叹于华阳村宁静而优美的自然风光，感慨于华阳村朴实而勤劳的农民朋友，他们生长在这片热土之上，热爱这片养育他们的土地，立志改变现状，渴望幸福美满的新生活。

　　本次调研得到了石柱土家族自治县、金铃乡、华阳村的大力支持与配合。感谢石柱县县委书记蹇泽西，副县长陆俊昌、三郎扎西，县政府办公室副主任聂华奉，县扶贫办主任彭德斌、副主任黄德平对本次调研活动给予的高度关注，感谢石柱县财政局、国土房管局、环保局、交通委、水务局和林业局等部门对本次调研活动的支持。特别感谢金铃乡党委书记向朝虎，党委副书记、乡长谭寒，党委专职副书记、华阳村驻村领导毛峰，党委委员、副乡长、分管扶贫领导任云，乡扶贫专干谭超、秦娅琳、陈露，华阳村扶贫驻村工作队第一书记刘宁成，驻村工作队队员马培祥、温海林、杨飞、谭浩，华阳村大学生村官汪小群，村党支部书记谭林，村委会主任周正科，村综合服务专干殷飞，村综合治理专干程波，村本土人才秦浩，村妇联主席李洪英的辛勤工作，他们为调研工作提供了极大的帮助。可以说，没有他们的鼎力配合，本次调研效果将大打折扣，为他们的敬业精神点赞！

还要特别感谢重庆社会科学院文丰安研究员、丁忠兵研究员，重庆工商大学朱莉芬教授，西南大学博士生张梓榆、刘达，重庆工商大学本科生陈红飞，他们牺牲了自己宝贵的时间，风餐露宿，不畏严寒，克服困难，参与农户问卷调研，为他们的奉献精神点赞！

另外，要重重感谢华阳村村民，特别是60户被访农户，他们给予了课题组第一手资料，让课题组真正了解到扶贫工作现状，真切感受到他们脱贫的渴望，为他们的协作精神点赞！

扶贫工作向来是一项系统的持久性工程，华阳村已经在精准扶贫精准脱贫工作中取得了显著成效，也在一定程度上改善了华阳村的村容村貌，提高了华阳村村民的生活水平。但是，巩固脱贫成果，保持脱贫成效，任重而道远，扶贫工作永远在路上！

最后，以《太阳出来喜洋洋》的歌词祝福华阳村村民！"只要我们罗儿／多勤快欧／朗罗，不愁吃来（朗朗扯／光

扯），不愁穿（欧罗罗）"愿三峡库区唯一的少数民族自治
县的所有人民生活得越来越好！

课题组

2017 年 6 月 10 日

图书在版编目（CIP）数据

精准扶贫精准脱贫百村调研. 华阳村卷：三峡库区
生态扶贫搬迁 / 于法稳, 王宾, 聂弯著. -- 北京：社
会科学文献出版社, 2020.6
　　ISBN 978-7-5201-5272-3

　　Ⅰ.①精… 　Ⅱ.①于… ②王… ③聂… 　Ⅲ.①农村－
扶贫－调查报告－石柱土家族自治县 　Ⅳ.①F323.8

　　中国版本图书馆CIP数据核字（2019）第154632号

·精准扶贫精准脱贫百村调研丛书·

精准扶贫精准脱贫百村调研·华阳村卷
——三峡库区生态扶贫搬迁

著　　者 / 于法稳　王　宾　聂　弯

出 版 人 / 谢寿光
组稿编辑 / 邓泳红　陈　颖
责任编辑 / 宋　静　吴云苓

出　　版 / 社会科学文献出版社·皮书出版分社（010）59367127
　　　　　　地址：北京市北三环中路甲29号院华龙大厦　邮编：100029
　　　　　　网址：www.ssap.com.cn
发　　行 / 市场营销中心（010）59367081　59367083
印　　装 / 三河市尚艺印装有限公司

规　　格 / 开　本：787mm×1092mm　1/16
　　　　　　印　张：10.75　字　数：105千字
版　　次 / 2020年6月第1版　2020年6月第1次印刷
书　　号 / ISBN 978-7-5201-5272-3
定　　价 / 59.00元

本书如有印装质量问题，请与读者服务中心（010-59367028）联系